© 日本歷史之旅

作　者　李希聖
發行人　劉仲文
出版者　東大圖書股份有限公司
總經銷　三民書局股份有限公司
印刷所　東大圖書股份有限公司
　　　　地址／臺北市重慶南路一段六十一號二樓
　　　　郵撥／○一○七一七五—○號
初　版　中華民國七十七年五月
編　號　E 83182
基本定價　叄元柒角捌分
行政院新聞局登記證局版臺業字第○一九七號

巉巖赤裸的槍岳

橫尾山莊

檜岳上被視爲國寶的雷鳥

珍珠島的採珠

由檜岳上遠眺笠岳夕景

廣島紀念原子彈爆炸的「平和公園」廣場

奈良公園的鹿羣

京都平安神宮

繁花滿樹替古寺特加新色——東大寺側景

宮島神社半建在海中、曲欄廻廊、紅楹碧水極富情趣

秋芳洞

浮雲遊子意
遙寄萬里人

弁言

除風景、文物、人情的描寫外，主要在以客觀的歷史，觀照日本的成長、發展，以及與我們百年血淚的淵源；更歸結到日本的「能」和我們努力的方向，實不同於一般旅遊文字，李君此篇力作，價值實不衹賞心遊樂也！

——旅行雜誌主編

《日本歷史之旅》出版前記

中日兩國疆域相接、隔海相望，向有「同文同種」、「兄弟之邦」之稱，關係頗為「密切」；但近百年來的來往（更可遠溯至明代的「倭寇」擾邊），由「甲午戰爭」到「七七事變」，對我們來講真是一段被侵凌、被踐踏、血淚斑斑的痛心史、屈辱史（僅八年抗戰，我們即傷亡官兵三百二十萬人，平民逾千萬，財產損失四千八百億美元——郭廷以著《近代中國史綱》）。尤其是一個生長在抗戰期間，家居「淪陷區」交界的人，親眼目睹日本人在大陸的燒殺搶掠、姦淫暴虐，真是刻骨銘心，永遠難忘——中年一代的中國人，其所以國家觀、歷史觀特別强烈，實是其來有自。

抗戰勝利以後，進入武漢，在破爛的日本租界和雄偉的江漢關之間，又目睹日本人的澈底敗落；那種猥瑣頹喪、個個形如夾着尾巴的「喪家犬」、見着穿制服的人就俯到脚底連連鞠躬的樣子，真叫人既可恨、又可憐。

二十年過後，日本人又由瓦礫堆上站起來了，而且比往日更强、更深入到全世界。我們臺灣也自然首當其衝，他們以合作名義或以顧問頭銜更深入到我們的工廠和辦公室——我個人從事的設計工作，引用的就多日本資料，參考的就多日文書刊。尤以在臺灣與大陸長期分離之後，形勢日蹙，此中感受，就更複雜。面對如日中天的日本（連向以科技與富强驕世的美國人，都不得不承認「日本第一」），我們這一代的中國人，真該如何來看待它——氣它、恨它或了解它、學習它？

七十二年七月，我們十幾位登山好友，組織了一個訪日登山遊覽隊，足跡將及關東、中部、近畿、中國、九州等各大都市、名勝與兩大著名山岳。如是，又大量蒐集資料，重讀歷史與有關著述，以加强對新舊日本的客觀了解。行程中也以極端平靜的心情，儘量觀察、紀錄、以及欣賞與感受。

日本侵略的動力，日本維新的成功，日本歷史上許多成敗的事實和人物，日本地理上許多與亡的史蹟和建築，日本人的堅忍和負責，日本人的偏狹與淫邪，現代建設，山川景觀，民俗文物，生活習慣，甚至他們的登山活動與圖書出版……種種切切，都是我們要看的、了解的、比較的以至接受的、學習的。

我盡心的去做、去完成，得到的很多也寫出了很多。當在香港《旅行雜誌》開始連載發表時，主編有一篇介紹說：

「除風景、文物、人情的描寫外，主要在以客觀的歷史，觀照日本的成長發展以及與我們百年血淚的淵源；更歸結到日本的『能』和我們努力的方向，實不同於一般旅遊文字……此篇力作，價值實不祇賞心遊樂也！」實頗獲我心。

結集時，更將一篇發表在《文壇》月刊「不是故事的故事，不是小說的小說」——刀下，列入附輯，主要在使年輕一代的讀友了解在抗戰時中國人被殺戳的一幕，以及我們這一代對日本不了不結的「情結」，如果我們都在飲食服飾、行為模仿之外，能另有所知所行，則是作者最大的心願了。

七十六年八月十二日夜

目次

成田印象

眞的是遠隔重洋千里迢迢了！

馬航的飛機於下午五點十分左右自臺灣桃園起飛以後，一直非常平穩，就像一隻船，輕輕飄搖在空濛之上，萬里冥茫，一望無際。

直到八點前後，方見一片片燈火由機下飛越而過；這一片燈火，實際更像一片片星雲，由橢圓形的小窗看下去，機翼下的天穹就像深邃的海底，這一片片浮遊的星雲，閃着點點的螢光，就貼着海底飄然飛過，輕靈美妙，令人驚喜。正在注目不捨之際，却見另一邊的窗口外邊竟有千點流星成線狀的流瀉而下，一片銀光璀璨；正想驚叫時，腦筋一轉，才意會到是飛機在傾側下降——原來已到東京了。

八點二十分，飛機緩緩的接近地面。

現在的燈光已變成一片火海，黑越越的建築，紅通通的燈火，一片輝煌中，只見數不清的大飛機，就像一條條大鯨魚似的繫在港灣內，靜寂中既怪異又宏偉，眞把人嚇得一愣一愣的。

這就是我到日本的第一印象，以一個中國人，一個在八年抗戰、烽火連天中長大的中國人；百年屈辱，刻骨銘心，這個心情是怪複雜的。

光緒二十年（一八九四年）三月，韓國發生「東學黨之亂」，「明治維新」之後，勢力急劇膨脹的日本，抓住清廷以宗主國的身份依韓王要求出援的機會，迅即出兵仁川、漢城；七月，要求清軍「於三日內」撤出牙城。

「九日後之七月二十五日，日本艦隊並未通告宣戰，在豐島海面出其不意的擊滅清國艦隊，而在其後的八月一日始布告宣戰。」（日本井上清鈴木四正合著《日本近代史》）

「八月十五日，我海軍在黃海海戰失利。海軍提督丁汝昌，旗艦『定遠號』艦長劉步蟾，仰藥自殺。尤以「致遠號」管帶鄧世昌，欲撞速度最高的日艦「吉野號」，中其魚雷，奮擲自沉，死事最烈。陸軍方面，左寶貴死守「牡丹臺」，壯烈犧牲。馬玉琨守「大同江」，肉搏血戰。日軍入旅順，屠殺四日，全城僅剩下三十六人。」（蕭一山著《清史》）

日軍繼續深入田莊臺、威海衞。

這就是「甲午戰爭」——日本大陸侵略政策的試金石，「進出中國」的第一步。

清廷戰敗，馬關談和，我們的「頭等全權大臣」李鴻章被刺被脅迫——

「……割地決不允修改；應知日本為戰勝者，中國為戰敗者！」

四月十七日終於訂立「馬關條約」，中國放棄朝鮮，割「遼東半島」及「臺灣」、「澎湖」，賠銀二萬萬兩……日本並實際控制了渤黃二海，繼續駐軍威海衞（後因德、法、俄三國干涉，日本退還遼東，我再付三千萬兩）；南進北進，亦自此奠定基礎。

一九一〇年六月，日本正式合併朝鮮，行「武斷政治」，司法官、行政官以至小學教員，一律武裝，皆成爲事實上的「憲兵」，掠奪韓人土地達八百八十餘萬日畝。

在訂約以前（一八九五年四月十一日訂約），二月二十七日日軍已佔「澎湖」。五月二日，「臺灣」獨立。六日，日艦由「三貂角」登陸；九月初二陷「臺南」。從此臺灣正式淪入日手達五十一年。

無論是經濟侵略或是軍事侵略者的脚步是永不停止的。大正九年（一九二〇），日本的「平民宰相」原敬，因壓抑軍部而被激烈份子刺殺。大正十二年九月，「關東大地震」，更引起金融大恐慌，如是「田中義一」上臺，矛頭又指向中國。（在這裡，我們一定要深深記住這幾個因素：軍部、激烈份子、地震、金融恐慌和領導的人。）

「田中內閣是以對金融恐慌的緊急對策與轉變對華政策爲其使命。」（白木正之著《日本政黨史》）

如是而有：第一次「出兵山東」，阻止國民革命軍進入濟南，演成「五三慘案」（一九二七年）。

而有「東方會議」，決定「對華政策綱領」：「區別中國與滿蒙」、「在中國之日本權益及日僑之生命財產有遭受不法侵害之虞時，帝國應乎必要得作自衞上之斷然處置……」而有「田中奏摺」；而有「皇姑屯事件」（一九二八年）。

張作霖因對日本對東北之要求表示「憤怒」和「無視」而在「皇姑屯」被炸死之後，「透過大恐慌，獨佔資本的支配力益加發展……重工業是指向於戰車、艦船、汽車的生產或建設其基礎。一九三一年九月東北事變發生之前，三菱飛機製作所完成了最初的國產重轟炸機」（《日本近代史》）。

「由企業同盟托拉斯的組成，大資本進行對產業的支配，不獨工業，就連商業、農業亦加入支配的聯合企業，更形成財閥的重點。「三井」、「三菱」、「住友」等大獨佔資本對全產業的支配力，擴展至空前的强大」（遠山茂樹等著《昭和史》）。（在這裡我們更要深深記住這些因素：大恐慌、資本獨佔、軍備生產對中國的「事變」。）

一九二九年，美國又發生經濟大恐慌，迅卽波及全世界，日本的情況更趨嚴重；至一九三一年，工業生產總額減少百分之三十三，出口減至百分之四十四·二，中小資本首先遭到犧牲，勞工跟着遭殃，由學生的左傾被壓制，終於有「國家革新運動」的興起，軍人以推翻政黨政治爲號召，終於控制了政治，最後是發動全面侵略戰爭。

就在一九三一年（中華民國二十年，昭和六年），日本若槻內閣上臺，人心浮動，「國家革新」之說更甚，日本軍部宣稱：

「滿蒙之野，乃明治天皇遺業之地，爲我國（日本）作戰行動之要地，對該地域權益之消長，乃國運隆替之所關……」九月十八日夜，日本關東軍藉口瀋陽「柳條溝」的南滿鐵路被破壞（伊藤正德著《軍閥興亡史》）。出兵佔領瀋陽。

六年以後，一九三七年（中華民國二十六年，昭和十三年），日本終於發動了「七七事變」。起先集中兵力兩聯隊於北平郊外「豐臺」一帶，七月七日夜，故意在「盧溝橋」附近演習，藉口士兵一人失踪，終於發動了這一場最大的侵略戰爭。現在還有人做文章，說甚麼不是日本開的第一槍，由日本全般的侵略步驟看起來，這是毫無意義的。

作爲一個中國人，並無意於再算這一篇舊帳，但血跡斑斑，我們怎樣也無法忘記，尤其是每一個與日本交往，甚至只是觀光的人，都應該了解這番歷史——不祇是血腥侵略史，也包括經濟發展史、政治思想史，才不致在它「日正當中」的今天，弄得眼花撩亂，有失本末；過去、現在、將來，我們必須細心的了解、尋繹、把握。

當然，日本確是一個有爲而强狠的民族，戰後短短的三十多年，竟由一片斷瓦殘垣中步步崛起而至今日。美國的社會學者「佛格爾」，經過二十年的研究，寫了一本現在大家都知道的書——《日本第一》，認爲日本的政治型態、社會結構、教育制度以及處理工業後期一些難題的能力與表現，已經超越美國之上。

以全國生產的總毛額計，日本僅次於美國；以個人生產額計，日本已居世界第一。以市場情況來看，日本的電視、音響已完全佔領了美國市場；鐘錶業打敗了瑞士；光學儀器、照相機已超過了德國；「豐田」、「日產」及「本田」的汽車，分別為銷美外國汽車的前三名，而生產總數，已為世界第一；鋼鐵產量、造船業也同居世界之冠；其他還有許多項目，均居領先地位，即最新的電腦、資訊工業，已予美國極大的威脅。所以綜合的結論是：日本第一——資訊第一、研究第一、生產第一、管理第一。

更以經濟總成果而論，包括個人生產量、工作機會、生活花費、幣值變動、每人出口量、工業生產量六個項目，日本的平均總成績也是第一（西德第二，美國却屈居第三）。所以日本雖然在國防力量、軍備生產、政治威望以及在國際上的影響力，尚未到擧足輕重的地步，但確確實實已是世界第一的「經濟大國」。

尤其難能可貴的是，教育、出版、求知的熱忱、社會的安全以及人民的保健，都有極為輝煌的表現；最具代表性的人民的平均壽命，一九五五年時少於美國四年，一九六七年已超過美國，一九七七年甚至超過瑞士，而一躍居世界之首了。

看了這些怵目驚心的數字和成就，我們的心情眞是複雜——一億一千五百萬的人口，偏促在三十八萬平方公里、百分之十九的可耕地上，既無重要資源，也無得天獨厚的地理條件，僅憑人，由戰後的一片廢墟上，三十多年有這種石破天驚的成就，眞令人讚嘆。但面對政治上無可奈何的逆流，經濟上吃定了我們的逆差，加上百年來血腥的國仇、血淚的家恨，我們實在很難「心悅誠服」、默然俯首，但事實是事實，他山之石，我們多所了解總是應該的，尤其是汚染防治、社會安全、文化出版、人民生活以及山川之美、建築之美、文物古蹟、自然風光，實在也值得我們來看看、了解、探索、欣賞、借鑑，我們應該有這份平靜和氣量。

觀光開放以後，要到日本眞是容易，而且飛機又平穩又迅速，說到就到了。

成田機場是日本的大門，是一幢五層的龐大建築。地下一樓是郵局、診療所及修車場、連絡口。一樓是入境大廳，附設有交通服務臺、行李寄存處，機場巴士、國鐵、京成電鐵，都在這裡設有櫃臺，也可以招呼出租汽車、計程車，貨幣兌換也在這一層。二樓是入境審查、檢疫的地方，還有附設的餐飲中心；三樓是出境審查、檢疫及登機與下機口，還設有免稅商店。四樓是出境大廳、休息室、餐廳，也是巴士、計程車及一般車輛的下車處。五樓是各種商店及展望臺。出境由四樓下到三樓，經檢查、稅關後登機；入境由三樓下到二樓，經審查後到一樓領取行李，驗過關卽可正式進入日本。我們因爲是一個「登山訪問」團體，隨身都是登山裝備，所以十分簡單，只有帶的一些乾肉脯之類，經過檢驗才放行。

成田機場規模宏大，但大概我們到時已晚，除了在落機時看到滿眼一片輝煌的燈火和數不清的亮光光的大飛機以外，室內倒顯得很空曠，而天花板竟使用的是百葉片，由垂直的一片片葉片看上去，黑烏烏的樓板、電管和風管，竟看得一淸二楚，這種失掉裝飾作用的天花板，叫人十分費解——這或許就是「現代化」吧！

新鮮事兒實際才開始呢——上了遊覽車之後，年輕的導遊向我們報告了許多事，喝水是其中一樁：

「東京的旅館內都不供給茶水，要喝打開水龍頭就行了。」

先是一陣愕然，想到水要生飲的困難，如集水區的環境和水質、水的處理、水的輸送等等，但想到我們首善之區的「臺北」，據說幾年以後——或許是十年二十年；甚至還聽說「現在也可以生飲，只要你的進水管線夠乾淨」，也就不覺得這有甚麼了不起了。

車行大概十多分鐘上下，就到了一間十多層的大旅館；看得出來，這還在成田的郊區，高樓大厦並不多。

旅館內的布置相當典雅，乾淨的沙發地氈，明靜的燈光，鮮美的插花，加上一些日文的招貼，充份地表現了一種東洋情調；大門是雙重的玻璃旋轉門，也透着新鮮。

旅館的房間，小巧而精緻，處處可見材料之精，工程之細，尤以浴室內電鍍的水龍頭、寬大的鏡子及一切金屬管件把手，竟是一律光亮耀眼，在燦麗的燈光下，一片片光輝奪目。

還透着新鮮的是，床頭櫃下竟設有手電筒，嵌在一個固定座上，拿起來時卽自動點亮，電池充足，光芒成一條白柱。

沿着走廊走過去，打開安全門，安全樓梯和過道，竟是燈火通明而寬敞無阻——這也是我在臺灣住了許多旅館所未曾見過的事。回到房門口時，門却自動鎖上了，在寂靜的長廊內，我一時十分尷尬，爲了到日本來，我特別讀了許多書，重溫了一篇篇歷史，却沒有想到這一點。

抗戰勝利之後，我還祇十幾歲，就隨軍到了武漢。有一天走到日租界，在接收地區，本來就是「滿目瘡痍」，想不到這裡更是一片「淒涼世界」，破亂的房屋、倒塌的門窗，大街小巷，到處都是丟棄的衣物和霉亂的垃圾，三三兩兩原本是天之驕子的日本僑民，這時眞是就像一羣羣幽靈；灰沉、破敗、傴僂，無論是穿着不成樣的和服，或是破爛的國民服，一個個都是枯槁的稻草人，看到我們這些穿着草綠制服的，都是頭低到膝下，有時還連連鞠着躬，再側着身子倉皇走過……又有一天到沿江的碼頭去看「日俘」上船，成隊的漫長的人羣，一個個揹着破亂的行李包，默默的就如一羣夾着尾巴的狗，偶然擡起頭來，也是一付昏沉無神的眼光，一付乞憐的神情……這就是踐踏我們國家、殺我們同胞的人，可是我的、我們的心還是軟了。三十多年後我再面對他們時，總忍不住一幕幕的重上心頭。

十點多鐘，我又去逛街。這還是一個正在開發的地區，房屋還不多，街道也很空闊，水銀色的燈光下，更覺一片幽靜。在十字街口，我特別注視他們行車，衝黃燈的幾乎絕無僅有，停車都在停車線以後；最難得的是他們都是等綠燈亮了才踏油門起動車子，那種從容不迫的樣子，眞叫人驚奇——一個侷促在島國上的人民，如何有這種守法而雍容的修養和度量！

東西却眞貴，料理店內一份「特等壽司」，竟是二〇〇〇圓，一份「甜不辣」是八百圓，好在，我們食宿均由旅行社包辦，不吃零食，消費就不多。這裡水果很少，幾乎買不到；愛吃水果的臺灣朋友，到這裡一定不習慣。

已經是深夜快三點了，還有四個電視臺在放映，有電影、高爾夫和熱門音樂（熱門音樂常插有脫衣的「藝術表演」鏡頭），「成人電影」則要投幣五百圓。

太晚了，我必須睡一下了，明天整天要去「狄斯耐」，然後到東京。

古典的怪屋

東京狄斯耐的大門口

上圖　遊河的舊式水輪船

下圖　舊式的小碼頭

十分逼眞的印第安人村落

陣中的米老鼠特別引人注目

狄斯耐與江戶城

成田與東京之間，還有一段「郊外」地區，但綠地已不多，農作物就更稀少了，景觀與臺灣的也大有不同。主要的是，這裡的鄉村住宅，大都是木造瓦頂或鐵皮頂，中間大都有一間突起的閣樓，高瓴重脊（也有許多屋頂是平平的），再漆成紅、綠、藍諸色，配以粉牆，但覺玲瓏精巧，色彩鮮明，襯着青翠的大地，蒼鬱的山嶺，實在好看，與臺灣的紅牆黑瓦（也不多了）、平板厚實，氣氛上完全不同，放眼看來，眞正是一片「異國風光」。

上高速公路以後，道路平坦，車行甚速。路兩側的綠地，整理得頗爲「隨便」，花圃中的荒草甚長，不像臺灣常常是「四季花開」。

開車的時候，臨時却發現代團體買了送人的一袋洋烟酒丢了；記得清楚原是放在大廳內行李堆旁邊的，想到不妥時再去拿就沒有了。還有老陳的包裹也同時丢掉了。大家窮找一陣，才發現我的一袋是被同隊的拿錯了——我一向做事「不拘小節」，這一次我却頗有「先見之明」，竟在袋口上簽了名，居然失而復得，在亂軍中得以保存——而同隊隊友的却遺失了。嚮導跑上跑下，一直保證「在日本旅館絕對不會丟東西」，我們也不敢亂疑心，因爲同時還有一個隊在進進出出，確實不好認定是「日本人在丟人」。

車近東京時，很快的感覺綠地更少、空間更促，到處是道路縱橫、鐵架林立，簡直像蜘蛛網，更像一座鋼鐵城，在高壓下令人頓感呼吸緊促、心胸窒息。

然後是狄斯耐，眼看門口車擠車、人擠人的局面，也更令人感覺急迫。實際這個停車場非常大，幾乎連邊都看不到，但車子就是多，幾乎都是豪華的大遊覽車，紅紅綠綠的擺滿了停車場。一羣一羣的人，就在車陣中擠來擠去，一陣陣的擠向狄斯耐的大門。

狄斯耐佔地很廣，完全是建在一塊荒凉的海埔新生地上。據說完全是依照美國「華德狄斯耐」蓋的。又據說這個大財團是以準備賠錢的心情來辦這個大企業的，不過實際上還有一個不賠錢的王牌，就是日本政府許可在眞正賠錢的時候可以處理周邊的大塊土地。

樂園的範圍很大，玩的地方很多。一進門是「世界市場」，除了包括「幼兒中心」和「兒童迷失」的各種服務以外，就是各種商店，照相用品、寶石、裝飾品、衣料、服裝、手錶及各種玩物、紀念品，眞是應有盡有，也正是日本人的「生意經」。

面對着古堡和中心廣場，玩的地方可分爲四大部份：左首是「冒險世界」、「西部世界」，正後面是「夢幻和童話世界」，右首是「宇宙及未來世界」。

「冒險世界」也就是「蠻荒世界」，主要是一條曲折而蠻荒的河流，有許多蠻荒的景色，和許多大象、犀牛、鱷魚、河馬、蛇、猴子、長頸鹿等等的蠻荒動物，乘船而下，可經歷許多「驚險」。

「西部世界」也就是美國拓荒時代的西部世界，主要的也是一條河流，但沿岸已「開化」了許多，有原住的印第安人部落，也有美國殖民墾荒的古堡和村落，由古色古香的碼頭搭上古色古香的蒸汽船，沿岸而行，可遍歷這些有動有靜的景色，如果乘木排或自己操舟，還可以登上這些島嶼、村落去親歷一番。

在這一帶的廣場上，有許多充滿西部色彩的場所和玩的、賣的、吃的地方，也有南國景色和歌唱表演的戲院、舞臺。

「夢幻和童話世界」，自然是以兒童爲主的一些看的、玩的，建築的外表，也充滿了夢幻的色彩，但一座「鬼屋」，却蓋成一座十分典雅的古堡。

「宇宙及未來世界」，當然包括了世界一週、宇宙旅行、高空飛馳之類，充滿了現代和未來的色彩，尤其是連着中央古堡在內的一片草色流泉，十分幽美。

糟糕的是來玩來看的人，並沒有多少「觀念」，祇見到處是人在擠、在排隊，實在浪費時間，有時也有「被耍了」的感覺。

像我就是，一頭撞進來（人撞人），眞像劉姥姥進了大觀園，手內說明書既無暇細看，信步所至就由右首開始。貪着照那片水泉美景，却漏了「世界一週」；排了半個鐘頭的所謂「到明日世界之路」，却祇是坐坐三分鐘的纜車；排了更多時間的「小世界」，祇是圖板與電動木偶的組合，一池淺水，三分鐘的電動行船而已。

但稍後的「鬼屋」與早期美國西部，墾拓及印第安人席地幕天的生活，模型製作精良，動作栩栩如生，很值得一看，可惜的是這條河實在太小了，船出舟來，到處人擠人、隊連隊，像菜市場一樣的熱鬧，氣氛就完全不對了。

另如，以「熊」充演員充歌手的歌舞表演，彈奏中歌之舞之，音色俱佳，口耳眼鼻，幾乎「鬚眉俱動」，這種模型技術，眞是已入化境。再如美國西部民謠、南洋草裙舞，以及三、四點時候陣容浩大的遊行，也都表演認眞、動作美妙，十分熱烈而華麗。

匆匆穿過人羣車陣，四點鐘居然準時趕回到了遊覽車上（開放時間，除了特定休假日以外，夏季是九點到二十二點，多季是十點到十八點），一本十張的入場劵(內有A劵一張、B劵一張、C劵二張、D劵、E劵各三張，各視規定使用。「料金」一共是三千七百圓——合臺幣約六百五十元——「中人」三千三百圓，「小人」兩千五百圓），大家都祇用了六、七張，有的人趕得連飯都沒有吃。

我前面講過，東京是一個鋼鐵的大城市——由郊外進來，就是這種感覺，但見灰濛濛的、無邊無際的，儘是鋼架鐵牆，奇怪的是，似乎走過的橋，看到橋下的流水，倒是清清爽爽的，比我們的基隆河、淡水河，顯然還不够「工業化」。

這些鋼架上，道路重叠，上下幾層，縱横交叉，車子成線狀的前進，既少卡車，更無「摩托」，既無車插隊，也很少車超車，在遊覽車上隔着玻璃看起來，就像一條條輪帶上的玩具，成隊的無聲的前進着，速度不快，却井然有序、寂然無聲。越到後來，車越多、越密集，路兩邊的鐵柵板却越高、越緊迫，情景眞有些嚇人。

進入市區後，車一一落入地上，一時燈火輝煌，但見高樓林立，行人熙攘，這就是一千一百多萬人口、世界上有數的「大東京」了。

東京舊稱「江戶」，在江戶時代發展出來的一套「水戶學」、「國學」和「神道思想」，就爲日本後來對外侵略的基礎；而東京更爲日本之政經中心，睡榻之旁，對我們影響甚大，我們不能不有一個基本了解。

在五千年以前的「繩文時代」，東京就有人居住，而且早已發展出一套農耕文化。一一八〇年源賴朝平定關東，建立「鎌倉幕府」，這時東京是江戶重長的領地。一四五七年，江戶的統治者是扇谷上杉，由太田道灌築江戶城。一五九〇年以前的統治者是北條，北條滅亡後，豐臣秀吉移封關八州予德川家康，並徙家康入江戶，到關原一戰，德川大勝上杉，奠定霸業，並乘勝降豐臣秀賴，使其僅領六十五萬石而淪爲一個「藩主」的地位。一六〇三年德川家康自爲右大臣並領征夷大將軍，正式開府江戶，是爲「江戶時代」。

德川幕府「挾天子以令諸侯」，對皇室採「隔離政策」，對諸侯嚴密控制，採用「戰時體制」，嚴刑峻法，及對外「鎖國」，並崇儒學爲統制思想的官學，歷兩百六十年的統治，思想界也發生了極大的變化，終於孕育出來了寓有「勤王倒幕」思想的「水戶學」。

「水戶學」是由德川家康之孫、水戶藩主德川光圀所首倡。這一派的思想，深受朱舜水先生倫理綱常、大義名分、王霸正閏學說的影響。朱先生本爲明末的孤臣，託身日本，志在復國，與這時的日本學術界結交甚深，日人以師事之。

這時的學術界由於對「大義名分」思想的體認，而感悟到「國體、皇室」的尊嚴，再到對「武家幕府」的批評，終於釀成了「勤王、攘夷」的思想，最後動搖了德川幕府的根基，成爲明治維新的原動力。德川家康首創了德川幕府政權，孫光圀卻「尊王」甚篤，自己挖了自己的牆脚，歷史上似乎也自有因果報應。

「質言之，水戶學係以皇室爲中心、日本中心爲本位。對世界以日本爲中心，在日本則以皇家爲中心，故日本之皇室應爲世界萬邦共仰之中心——此爲其結論。」（德富蘇峯著《近世日本國民史》）。

這內面有一個重要人物，就是山鹿素行，他獨尊孔子，卻對我國的儒學多所批評，寬文九年（一六六九），著《中朝事實》，這內面有很重要的三段：

「獨本朝中天之正道，正南面之位，背北陰之險，上西下東，前擁數州而利河海，後居絕峭而望大洋，每州悉有運漕之用，故四海之廣，猶一家之約，萬國化育，同天地之正位，竟無長城之勞，無戎狄之膺，況鳥獸之美、林木之材、布縷之巧、金木之工無不備，聖神稱美之嘆豈虛哉！」這是極端的「日本中心」思想。

「帝（神武天皇）建皇極於人皇之始，定規模於萬世之上，而中國（指日本）明知三綱之不可遺，故皇統一立而億萬世襲之不變……異域之外國（指以我爲主的周圍諸國），豈可企望乎？」這是極端的「萬世一系」的說法。

「夫外朝（指我國）異姓殆三十姓，戎狄入主者數世。春秋二百四十餘年，臣子弑其國君者二十有五，況其先後之亂臣賊子，不可枚擧也。朝鮮箕子受命以後，易姓四氏，滅其國而或爲郡縣，或高氏滅絕凡三世，彼李氏二十八年之間，弑王者四，況其先後之亂逆，不異禽獸之相殘。」這是極端的對中韓兩國歷史的侮蔑和輕視。

這就是日本的「國學」，再加上後來「國學四大人」之一的平田篤胤的「鬼神新論」，結合日本的神話傳說，大唱「幽冥之道」，認定日本神話中的「天津神」，是創造世界萬國的主宰，如是：「日本是萬國之本國。」

如是，由崇儒到「尊王攘夷」，由「天皇萬世」到「萬國之本國」；由「倭（和）魂漢材」的從中切斷，一個活生生的「大和魂」就出來了。

到文政六年（一八二三）佐藤信淵的「宇內混同秘策」就圖窮匕現了——「皇國如欲拓疆他

國，必先以併吞中國爲始。因中國於萬邦中土地最廣大，物產豐饒。」「其順序以先取滿州爲最易，次及燕京，漸次西征南伐，五、七年內中國卽可崩潰。」

如是，以蛇吞象，皇國最偉大的「拓疆」事業就由我們的身上開始了。

作爲一個中國人，對於日本的百年侵凌，眞是刻骨銘心；現在重溫史實，把它的根挖出來——日本人戰時「一億玉碎」的「神風思想」，日本人現在的忠誠、服從、階級意識、團隊精神，也莫不植根於此。日本人在戰後發展出來的民主生活，對這個基本的「民族精神」究竟改變了多少？這個極端的意識型態如沒有澈底的改變，在日本經濟與生產力極端膨漲之後，究竟它又將導引日本走上甚麼路線？都是令人十分關心，也是應該關心的問題。

由東京想到史跡斑爛的江戶，想到江戶時代發展出來的侵略思想和忠誠與團隊精神，無論對日本、對中國，甚至對世界，將來究竟是禍是福，仍還難定論。但過去，無論如何；由「甲午」到「九一八」、由「七七」到第二次世界大戰是一場悽慘的大災亂，中國首當其衝，最無辜也受害最深。今天，我們以一個「觀光客」的身份，走入這繁華耀眼的東京，內心實在不能沒有這番認識。

整潔寧靜的日光街景

門前的水石布景

上圖輪王寺後的華表
下圖樹木陰深、濃綠如海，東照宮前的林蔭大道。

鐘鼓樓的瓦頂重簷，亦有可觀。

雄勁典雅的五重塔

新宿探險、日光尋幽

昨天傍晚到了東京之後，先到一間臺灣人開的「東京大飯店」去吃飯；高樓巨厦，規模甚大，但做出來的中國菜却頗不「中國」，味道既已變調，鮮度更爲平平。再到一間臺灣人開的「免稅商店」去逛街，地方不大，侷促在一間公寓的二樓，但貨色却不少，電器、藥品、衣服、洋傘、照相機，看得出來完全是衝着臺灣的「採購團」開的，價格約爲定價的八、九折，但並不比臺灣便宜多少。（聽說要便宜買衣物、玩具、皮包是「淺草橋」，買照相機是「新宿」，買電器是「秋葉原」，至於想眞正大批「帶」回來賺錢，則必須另有門路。）

我們住的是「新宿」的一家大飯店，樓高十幾層，房間陳設都在中等以上，單人是七千八百圓到八千兩百圓（約合臺幣一千三百元到一千四百元），雙人是一萬二千圓到一萬四千圓（約合臺幣兩千元到兩千三百多元），實在相當貴。洗澡間都是塑膠的一體預鑄式的，尺寸太小，對於長手長腳的人頗有「螺螄殼內做道場」的感覺。倒是房間內特別設有一只小水壺、小電爐，對不放心喝自來水的人，頗有用處。

「新宿」位於東京的市中心，是僅次於「銀座」的繁華地區，由於力行「新宿副都市計劃」，有計劃的新建大廈，如「京王布拉扎大飯店」、「住友大廈」、「三井大廈」、「安田消防海上大廈」及「野村大厦」都樓高四、五十層以上，站在旁邊看起來，眞是「擡頭掉了帽子」還看不到頂；就是在我們住的十幾層上面看起來，在一片燈海、成陣成林的大樓頂上，仍是高入雲霄——下面虹光照耀，上面都是靄靄烟雲。

新宿還有一個居日本首位的火車站、電鐵有放射狀的「小田急」、「京王帝都」、「西武鐵道」、「丸之內」及環狀的「山手線」與「中央線」，上下幾層，每天進出高達一百幾十萬人，加上人頭攢動，多層縱橫的地下街，更是熱鬧非凡。

這樣一個大都市，這樣多的車，這樣多的人，可是看起來交通並不太忙亂，主要的是主要的大動脈都進入了地下。地下鐵的路線達十數條之多，縱橫交叉，密如蛛網，賣票、換錢、找錢、出入口幾全部電腦控制，車子幾乎一兩分鐘一班，而且全部冷氣設備，祇要會坐、會換車，以東京之大，仍是四通八達，乾淨而迅速。

由於主要是地下鐵，所以地上的車子相對的減少而種類又不多，像被稱爲「交通之癌」而惡性發展的摩托車，就幾乎絕跡，有時倒有幾輛腳踏車在行走，使用的是專用車道和專用路標。

比較着來看，可以說地下鐵是解決大都市交通的唯一方法。這麼大的工程、這麼重要的工程，必須要有眼光、有魄力，而且要儘早動手——我們的嚮導說，除了皇居的下面因爲怕人埋炸彈尚是一小塊實心地以外，東京都已挖空了——蓋不如此實無法及時解決將來甚至是現在的問題，一個有遠見有作爲的市政當局是不應該這樣的。

要想多看些東西，必須依靠這種最便利的地下鐵，所以昨天晚上就開始了一番「探險」。剛剛講過，「新宿」車站是全東京、全日本規模最大的一個車站，車站及出入口有幾十個之多，人地俱疏，這確實有點冒險，所以，我們第一步是先探探地下道、地下街以及出入口，約了同隊的小李、小蘇，帶了地圖和指北針，揹了個小背包——準備必要時以登山找路的架勢去打出一條「回路」。

一出旅館，順街道向左走，遇十字路口，右轉，過街，就是「新宿」車站。在十字路口我們特別記住了旅館的巨大霓虹廣告牌——這裡都是高樓大厦，廣告牌必須高在十層以上，遠處才可以看到——作爲回程的目標。

一進入地道之後，頭腦先還很清楚，小心翼翼的向前走。先看到的儘是各種路線的售票站和出入口，儘是縱橫的走道和地下街，儘是上上下下的樓梯和說明牌，儘是忙忙碌碌的飲食店和行人；而且越走越多。地下道又有轉彎，又有交叉，出入口又在這邊，又在那邊；燈火輝煌，目迷五色，很快就把人搞糊塗了；不過，我有一個原則，就是原路進退，把幾個主要的車站搞清楚了，明天再來。小李却十分有把握的說，我們是由南口進入的，由這裡過去，再轉，再轉，上到地上，再轉，再轉，就回到原地了。我說，如果轉的不是九十度呢？「我有把握，走不丟的！」

倒底是年輕一代的登山嚮導，勇氣十足；我也樂得看「把戲」，也就由他去搞了。李在前帶路，通過地下街。地下街大部份還在營業，最多的是賣吃的，也有些書報攤；不過，我想買的「山與溪谷出版社」出版的書却沒有。我們一面走、一面幌，再轉，再轉，就出了地下道，一上到地上就傻了，路兩邊都是高樓大厦，街上都是車輛，大的百貨店都已打烊了，但橱窗大部份還是亮着燈光；裝璜考究，佈置華麗，但我們志不在此，仍繼續幌下去。

街由寬而窄，店也由大而小，現在幾乎都是咖啡店、料理店，還有就是「二人個室」、「每回二〇〇圓」，甚至掛出了照片，有女的居然也有男的；紅紅綠綠的霓虹燈光，幽揚喧嚣的音樂聲、人聲，夾着脂粉味的酒香、咖啡香，走着的人也似乎斜眉低眼的，滿街透着邪氣和妖氣。我們大大觀光了一番，還一直逗着小蘇，後來碰到了一家還在營業的小百貨店，進去逛了一陣，氣氛才淡了一些，才又想到應該回家了。

這時已是十點了，這裡就是「新宿」著名的「歌舞伎町」，可是怎樣走回去，大家已糢糢糊糊，也還不在意，任由李嚮導帶路，大家跟着出「餿主意」。這樣走、那樣走，居然又進入地下了，可是，東轉西轉，就是找不到我們要回去的南口。

這時的地下道和地下街已清靜了許多，店舖大部份已關了門，行人不多，陡然空曠了不少，但却有三三兩兩像幽靈似的人，有的已經躺在墊着報紙的水泥地上，有的臂下夾着紙板，還在逡巡着找地方。

「這是東口，那是西口，再轉，再轉……」小李自言自語的指畫着，但一上到地面，仍是不辨東西。把小地圖和指北針拿了出來，看了又看——來來往往的還有些行人，我們就是撐着不想問。

再入，再出，李說：「好了，由這裡上坡跨過鐵路，再找不到，我回去就辭職，嚮導不幹了。」（還記得我們幾個人去爬「弓水山」的糗事嗎？興匆匆的沿着乾溪直上，直上到三千兩百公尺以上，才發現是昨天來過的「頭鷹山」，眞是一羣活寶。）上坡，跨過鐵路，下坡，李嚮導完全傻了，一語不發。

現在事情才眞的有些嚴重了，不想問人，就得叫計程車，但這兩點我們都不願意，登了二十年的山，我們必須有這份冷靜和信心。

不敢再哈哈了，再看圖、尋思；轉過一個街角，擡頭一看，那一面霓虹的大廣告牌，眞的就在前面高高的樓頂上，一排閃耀的店名，一連斷續的箭頭，轉個彎就是旅館了——這時已是深夜十一點四十分。

今天正式的觀光節目是遊覽「日光」。「日光」是日本的「國立公園」之一，早在一九三四年就設立了，範圍很大，總面積達十四萬多公頃，分佈於「栃木」、「羣馬」、「福島」、「新瀉」四縣。觀光地區主要分爲三部份，就是「日光市」周邊及「奧日光」、「鬼怒川」一帶，與

「那須鹽原」。

第一部份的觀光地點有日光市內的「神橋」、「輪王寺」、「東照宮」，包括「第一鳥居」、「五重塔」、「陽明門」、「回廊」、「唐門」等精美絕倫的古建築及彫刻，已被列為「重要文化財」及「國寶」的寺廟古跡是也。

「奧日光」包括「中憚寺湖」、「華嚴瀑布」以及「戰場之原」，主要的是山水草原的自然風光，與寺廟庭院的人工美恰成對比——這是日本觀光的兩大資源。

一般說來，自然風光臺灣與日本不相上下，祇是他們秋天的紅葉、冬天的冰雪，更為生色而已。寺廟、庭園、城堡建築的古老和精細，尤其是保養、維護和管理方面，臺灣就差不得了，起碼相差「一百年」。

「鬼怒川」是以「溪流」、「峽谷」與「溫泉」為主，「那須」則是溫泉渡假區，這兩部份去的遊人較少，所以日光，幾乎是所有「觀光客」的第一目標。

早餐是在旅館吃的，憑餐券入場，每餐一千二百圓（合臺幣二百元），東洋餐和西洋餐任選，我們少數幾個人選的是東洋餐。一個木蓋盒端上來，計鹹魚豆腐干大的一片，小菜拇指大的兩三撮，味噌湯小半碗，白米飯大半碗，我們儘量吃得斯文些、慢些，還是不頂事，小蘇實在挺不住，居然破天荒的又要了一碗飯；在「哈依、哈依」，連聲恭送之下出了大門之後，大家發誓再也不受這個罪了，明天決定吃西餐——西餐是採取自助式、火腿、煎蛋、洋芋片、麵包、牛奶、咖啡、水果、生菜沙拉……要吃多少拿多少。

車一開出，我最注意的是郵局和書店，前信還未寄出，據說航空也要五天；「山與溪谷社」出版的幾本專集，是我個人要「採購」的唯一目標，這兩天趕進趕出，都還沒有頭緒。

街頭行人很多，最引人注意的是日本人那副紳士模樣。所有上班的「白領」人物，幾乎都是穿的藏青色、灰色的西裝，手執長柄洋傘，完全是一副英國人派頭。大學生模樣的青年男女很多，皺皺縮縮的長褲、運動衫，和舊跑鞋（嚮導說這都是今年最流行的式樣，隔一年就沒有人再穿了），氣質確實與一般日本人不同，活潑、放任而自信。

車一入郊外，景色完全一變，一大片無盡起伏的綠地和山丘上，儘是一片片毗連的房屋，十分鮮明耀眼。這些房屋仍保持着日本傳統的式樣，木造、重疊的屋脊，高翹的閣樓；瓦頂或鐵皮頂大都漆成紅、藍、綠色，配以粉壁白墻，在一片綿延青翠上，實在好看。這內面幾乎沒有一棟粗糙的水泥建築，所以甚爲調和悅目。

最難得的是，我們幾乎看不到一片垃圾、一塊墳場——據說：他們人死之後都是火葬，一塊小小的墓地，內面都是一塊塊的挖空了可以堆放一家多少代的骨灰，而上面祇有一塊不大的石碑，所以很大的一個城市或鄉鎮，就祇有幾小塊密植着石碑的墓園，隱附在寺廟之後，既不佔地，又不顯眼。至於垃圾我真不知他們是如何處理的，但見大街小巷，就是沒有一片紙屑，沒有一個丟棄的塑膠袋；唯一的垃圾，在鄉村却是一處處的舊汽車場，有的已堆積如山。

更叫我們怵目驚心的是，在街頭居然有的建築竟掛着「共產黨××委員會」的招牌，好像共產黨竟不犯法似的。另外叫我們看着不同的是，沒有像我們臺灣到處都是紅紅綠綠的廟宇，他們有的祇是極少的小神社，寂靜無人而蒼苔斑爛；大的廟，有歷史性的廟，就大都列爲古蹟——文化財、國寶——來保管、來供人欣賞、參觀。

一入「日光」，觸眼就是一座相當巨大以大圓木構成的紅色拱橋，架在青翠的山林和碧綠的清溪上，特別突出醒目而古色古香。

令人吃驚的是市內的整潔、典雅、寧靜和純日本風味；縱然市內也有許多賣觀光紀念品商店，可是都是店面整齊，店員和靄，完全沒有嘈雜煩囂、大呼小叫的街頭攤販，有的門前還擺設一些山石水車的小庭景，處處充滿了怡人的悠閒氣氛。

中餐是在一間規模頗大的日本料理店吃的，一千多圓的「定食」，基本上仍是一碗飯、一條小魚干、幾撮醃菜，却多了一付小鍋灶；灶內燒的是塊狀酒精，鍋鼎內煮的是兩三塊瘦豬肉，加上青椒、豆芽之類的蔬菜，酒精點完了，肉也燒熟了，味道雖然平平，但那一付付的鍋灶，確實「古典」得很有意思。

循着光潔的大道走向山坡，沒有幾步，已是一片青殷濃綠的樹海了，這些樹都是巨大的松杉，亭亭如蓋，一片涼意侵人，滿眼蒼翠。在這重重蒼翠中有巨大的花崗岩大牌坊，有精緻的原木「九重宮殿」、「五重塔」、「鐘鼓樓」、「燈籠」、「神厩」、「陽明門」、「唐門」、

「本殿」、「拜殿」等等古物古蹟。「陽明門」、「唐門」、「本殿」與「拜殿」，都被列爲「國寶」，其建築與彫刻之美，確屬精巧驚人。光是一座面積僅三十平方公尺的「陽明門」，建築時就費了十二萬多人工。「唐門」就在「陽明門」的正後方，以黑白二色爲主，雖不如「陽明門」的金碧輝煌，但彫刻的神龍、梅、菊、牡丹及中國聖賢像，均爲藝術精品。後面的「本殿」與「拜殿」，紙門與牆壁上更有各種繪畫、匾額，連同整個建築，均精美絕倫，加以金箔包裹，更覺華麗而典雅。

這裡著名的「輪王殿」和「東照宮」，大都是由德川幕府所建；「東照宮」就是德川家康的祀殿，最後的「奧社」，就是德川家康埋骨之所。

公元一四六七至一五六八年，在日本歷史上稱爲「戰國時代」。與我們的春秋戰國時代相同，也是羣雄並起，殺伐連年，天子虛位，戰亂頻仍（這讓我想起我前面寫過的「水戶學派」山鹿素行的荒謬說法，他炎炎自誇日本天皇是「皇統不違」、「萬世一系」，而鄙薄中國是「先後之亂逆，不異禽獸之相殘」；實際上天皇之所以不墜，主要的是它大多數時間是在「虛位」狀態，一如我們春秋戰國時代的周室、三國時代的漢，以及現在英國的皇室而已；本身已經退出了角逐天下的行列，其下的諸侯和大小梟雄，也仍是爭殺不已也。），直到「織田信長」、「豐臣秀吉」、「德川家康」相繼崛起，最後德川開幕府於「江戶」，才有兩百六十年的安定局面，以至「明治維新」，所以「德川家康」在日本歷史是一個重要關鍵人物。

家康生於一五四二年，十七歲，初次臨陣卽大捷，首爲義元所賞識。嗣後，據遠、駿、甲、三、長五州，與織田、豐臣角逐，但因實力尚未逮，多採陰柔政策；如接受豐臣秀吉的籠絡，娶秀吉年已逾四十且嫁人多年的妹妹爲妻；如陪侍秀吉看「能樂」，下殿時趨階下爲秀吉納履……等等。

天正十八年（一五九〇），家康、秀吉聯軍滅北條，秀吉乘勢收家康故封五州，而改畀以關八州，主要是在拔除家康的舊勢力，但家康奉命唯謹，半月成行，首抵江戶。從此乘秀吉連年對外用兵（如一五九二年對朝鮮發動的侵略戰爭），一心一意從事內部整建工作，勤修武備，接近儒生（爲以後「水戶學派」由崇儒而發展爲對中國侵略之張本）。

自侵略朝鮮失敗以後，秀吉抑鬱成疾，一五九八年「託孤」予家康後逝世。近世日本國民史——《家康時代概觀》，曾幽默的評述這樁事說：「秀吉之託孤家康，比將鹹魚交給貓看管還要更蠢。」慶長六年（一六〇〇），家康對强藩「上杉景勝」的關鍵性一戰，終於爆發了，家康大勝，是爲著名的「關原之役」，從此奠定了兩百六十年的覇業。

元和元年（一六一五）圍攻大阪，豐臣秀賴及生母淀君死，後患至此已全除。取天下於孤兒寡婦之手，權勢攘奪，何論手段，歷史事實，似總常常如此——後儒「西山拙齋」曾有詩諷刺云：

「周室存殷祀，清朝修孝陵，

如何豐國廟，荒圮絕嘗烝。」

質之「平田篤胤」「日本至上論者」之輩，不知有何說詞？

德川家康正式一統天下之後，採取了許多嚴酷的統制與控制手段，如：對皇室採取隔離與包圍政策，天皇祇能在宮中「研究學問」——這第一重要的學問，是「風花雪月」；如對諸侯行「參覲交代之制」，規定諸侯須「一年居江戶，一年就國」，以便監視；如限制諸侯通婚，禁止武士營商，確立階級制度，行「五人組」的保甲連坐法，定嚴刑峻法，包括鋸刑、磔刑及火刑在內。

另外特別引起我們興趣的是：視治世爲亂世的戰國制度，以軍人兼管民政。再就是命當時巡迴各國的藝人，兼做偵探工作，「一在諸國風聞之雜說，不問善惡，皆須亟速上聞。」這兩項對我們最有切膚之痛。

當然，「德川家康」能成一代霸業，也自有長處，其胸襟豁達、喜納諫言，即爲其一——「和辻哲郎」著《日本倫理思想史》曾載：「家康曰：人若不知己過，位愈尊崇，人皆曲意奉承，誰肯爲逆耳之言？欲求寡過豈可得乎？況經年累月，積重難返矣，苟念及此，則忠諫之言，雖至微末，亦不易得也。」

「德川家康」確是日本的一代偉人，兩百六十年的建樹，奠定了明治維新之基；兩百六十年以崇儒始的一套尊王攘夷思想，卻使中韓兩國，特受侵略之害。

今天我們來觀光這樣一個歷史人物的埋骨之所和奉祀的靈廟，已了無憤恨，但這個事實和教訓，總是令人難忘的。

由「日光」到「中禪湖寺」，要走一段盤山的車道。路隨坡轉，上下十數折，就像一條蟠舞着的灰白色飄帶，繞着青翠的山坡，十分飄逸而又壯觀，這就是有名的「伊呂波坂」。途中展望甚佳，尤以俯瞰「中禪寺湖」，碧波萬頃，房屋櫛比，爲「日光」一大天然景色。

「中禪寺湖」海拔一千兩百七十餘公尺，爲日本海拔最高的湖，南北長逾三・五公里，東西寬爲六・五公里，總面積達二十一平方公里。北麓爲海拔二四八四公尺的「男體山」；山爲火山，爆發的溶岩阻塞了「大谷川」，而形成了現在最深達一百七十餘公尺的「中禪寺湖」。

在我們看來，「中禪寺湖」一如臺灣的「日月潭」，湖光瀲漾，曲水通幽，一片明靜旖旎；湖濱多日式二三層樓，無「日月潭」建築的宏偉，但卻十分清靜，就是市肆相連，盡爲旅館及紀念品商店，也非常整齊清潔，充滿了幽雅閑適特有的日本風味。

「華嚴瀑布」就位於湖之東北岸，距溫泉巴士站僅兩三百公尺，水就由湖壁流出，幅寬約七公尺，高約九十餘公尺，是日本與「那智」、「袋田」並稱的三大瀑布之一。

主瀑形式如柱，由石英斑岩的岩壁上直衝而出，直落入百公尺之下的深潭，激起一片飛沫虹彩，再由溪谷順兩岸山勢激流而下。山壁半腰更有半環垂掛成布簾的副瀑，襯托之下，使形勢過份簡單的主瀑，增加許多姿色。

「華嚴瀑布」在位置形式上，一如我們臺北「復興」的「小烏來」瀑布，人一直是向下俯看，就是花了錢（好像是五百圓，合臺幣約八十餘元），看的還是差不多。說眞的，我們在臺灣看過了許多高山大瀑，直認爲這片三大名瀑之一的「華嚴」，尙不如我們的「烏來瀑布」，更沒有仰看「黃河之水天上來」那份震撼和氣氛。

觀光日本的名勝寺廟，最大的「特色」是處處要錢；門票要錢，內面稍爲精密或特殊之處再要錢，令人對於這個經濟大國的小家子氣，印象十分深刻；當然，或許這正是經濟的本色。

坐在回程的專車上，難免有些處處花錢的牢騷，但「日光」市內那份寧靜幽雅，「東照宮」山麓上下那片鬱鬱成林的蒼松巨杉確實特別令人念念。

歷史疊影中的東京

東京實在太大了，總面積共達兩千一百四十平方公里，計分為二十三個區。觀光目標有皇居、東御苑、外苑、二重橋、日比谷公園、東京塔、明治神宮、上野動物園、東京國立博物館、西洋美術館及東京美術館……等處，商業區以沿「中央大道」，長達六公里的帶狀地帶，包括銀座、有樂町、丸之內、新橋、京橋、日本橋、神田、上野、淺草等區最繁華；後起的副都市中心商業區，則有新宿、池袋、中野、濱谷、目黑、五反田、大井町、蒲田、錦絲町、王子等處；這內面又以銀座、淺草、新宿、濱谷、池袋、上野等處最熱鬧；其中又以新宿、銀座更為觀光客所必至。

日光回來之後，新宿已「摸」清了，就決定到銀座去「探險」，大家聽了之後，有很多人說要一道去。等這等那，等到到齊了，已七點多鐘，就帶了地圖和指北針，還是揹了個小背包，輕車熟路的就到了新宿車站。

一進入地下，大家一看道路縱橫、店肆連接，到處是人、是樓梯、是車站，燈火輝煌，熱烘烘的活像一個螞蟻窩，大家已經是暈頭轉向。加上我這個領隊還在臨陣磨槍的琢磨地圖，已是「勇氣」全消了，就哼哈着說還是回旅館看電視算了，最後只剩下了確是「有志一同」的二、三人。

這次不但要坐電車，還要換車；看清楚了是坐丸之內線，就放着膽子上了車。車上燈光通明，冷氣息息聲響，人不算很擠，站着的坐着的，有一些在看報紙和小本的書。車定時單向開行，定時停車，既迅速又平穩。每站上下的人很多；車內和站上都有很清楚的說明圖表和指示牌，換車和上下出入口都指示得清清楚楚，祇要不慌不亂，實在不困難。

認定了進出口，走上地面，正是「中央大道」與「晴海大道」的交叉點、銀座最繁華的四丁目。僅剩下的廖小姐和劉先生也不敢和我走，這時也分手了。

這確實是最繁華最高級的地區，祇見儘是幾十層的極現代化的大樓，幢幢夾道，雖幾已全部關門停止營業，但華燈耀眼，未關的橱窗仍是一片珠光寶氣，加上街頭穿梭的和等候的嶄亮小汽車，蜿蜒如龍，情景十分懾人——這個感覺，我祇有抗戰勝利後初到上海，第一次走在先施和永安那條南京路上，才有這種心情。

一走入側街小巷，情景却完全不一樣，兩邊儘是飲食店和行人、吃客。這時，早上我們看到的西裝畢挺的那些紳士都已原形畢露（或許本來就是雙重人格）了，上衣脫掉了，斜搭在手腕上，領口扯開了，領帶斜掛在胸面前，臉紅眼斜，東倒西歪，勾肩搭背，喧聲滿街，一伙中也大都夾有年輕婦女，也同樣嘻嘻笑笑，目中無人。

這就是日本最大都市、最繁華地區的狂放夜色；銀座如此，新宿如此，傳聞中也普遍如此。在我回旅館的途中，地下道和街巷中又已躺下了許多人，內面衣著鮮明的，大概就是這些大日本的男子漢了。據說以日本人看來，包括日本的賢妻良母在內，都認為這是正當的「男子氣概」；據說歷史上也有些名臣賢相是「醉臥美人膝、醒決天下事」的，而這個「美人」幾乎都是日本特有的「藝伎」！

東京是特別複雜而兼容並備的特大都市，「東京之大，在乎其包羅萬象，無所不有，在乎其融滙混合，隨機適應。各色人等，不問是富甲天下，或者貧無立錐，都可以在東京滿足其要求，尋找其樂趣。

豪華的夜總會，高級的料理店，一顧之價，每人就要花上三萬日圓，但是三十圓一瓶濃牛奶，百圓一碗的湯麵，照樣可以解渴充饑。

銀座的高貴品商店和「出血」大拍賣的廉價商場，挨戶而立，百貨公司的地下和地上，同樣充滿了貨物，擠滿了顧客。無論幾十萬圓買一串珠鍊或五百圓買十雙襪子，一樣受到店員的禮遇。水果攤上，有六千圓一個的溫室香瓜，有七百圓一個的臺灣鳳梨，有一百圓一磅的南美或臺灣的香蕉，有五十圓一袋的天津甘栗。

大街上，華燈如畫，遊人如織，小巷內，一樣的熙攘往來，城開不夜。」這是陳之藩先生《遊屐天涯》中寫的東京，現在還是一樣，祇是物價又貴得多了，譬如襪子，最便宜的目前是五百圓買三雙，天津栗子，眞的到處都是，但最少的一袋目前是五百圓。

「東京是一個萬花筒，表面上看到的是五彩繽紛，繁華似錦，隱藏在背後的却是陰暗醜惡、亂七八糟。犯罪案件層出不窮，閃着紅燈的警車呼嘯馳騁。報章雜誌用血淋淋的筆法描述刑案，愈是露骨，銷路愈好。我眞替它造成的後果擔心。

性的開放，除了北歐以外，恐怕全世界也要以日本爲最。我不敢說日本的女人輕薄有如櫻花，但東京的畸形繁華，女人該佔着很大的因素。夜總會、酒吧、咖啡室、藝伎、脫衣舞以及那些下流的成人電影，莫非女人的天下。」

這也是陳先生的文章，他寫日本的壞處，寫得咬牙切齒；這對我們對日本的一片讚美聲中，算是一段小小的「平衡」，所以我特別引在這裏，但我們在暗笑之餘，也必須先反問一下我們自己才好。

東京的現代化建設，實在沒有多少年；它的前身就是「江戶」，這我在前面已經談過。一八六八年，也就是明治元年，明治天皇由京都遷都於此，始正式稱爲東京。一九二三年，關東大地震，東京幾乎全毀，歷經七年，方恢復與改建成功。

第二次大戰時，又被猛烈轟炸，三分之一毀於爆炸與燃燒，戰後由大量美援協助——你覺得可笑嗎？人類似乎始終被少數野心分子所誤導而自己毀滅自己，又自己來幫着恢復，但一代新人換舊人，舊人却是無辜的死了千千萬萬了——一切管線以及大部份的幹道均進入地下，如是反而煥然一新，一個全新的國際大都市站起來了，所以東京是在火中長大的、歷史中長大的城市。

對於一個觀光客，東京是看不完、走不完的，尤其是我們這一伙，在東京只剩最後一天了，明天開始我們就要進入富士山及槍、穗高山區，可是書店沒有找到，郵局沒有找到，電器行沒有找到，心裡確實有些急。

這裡郵局少，郵筒也少；好不容易在旅館附近找到了一間，却要九點才開門；等到八點五十七分時，遊覽車剛好開來，不願躭誤大家的時間，所以連第一封信還沒有寄出。

今天團體安排的參觀地點是「明治神宮」、「皇居」和「東京塔」，其餘就是自由活動了。「明治」、「皇居」，在這近百年日本急劇發展之中，正是最大的一個主導力量和安定力量，能親自去看看，正符合我的「歷史之旅」。

「明治神宮」是一九一二年「明治天皇」崩世時所建造的，佔地六十六萬平方公尺，分爲「內苑」和「外苑」兩部份。

「內苑」是一九二〇年所建造的，採用日式庭園設計，房屋是黃柱綠瓦，木槅紙窗，十分典雅樸素。園內植樹一萬餘株，都是當年全國各地所贈送的，富有紀念意義。

「外苑」是後來增建的，庭園採用西式設計，草坪碧綠，繁花萬樹，尤以春來，最爲開朗富

下圖　原木構造、單純樸實的明治神宮大門。
上圖　低矮單純，特具日本風格的大殿全景。

東京塔內典型的小神社

麗。

步入園內時，第一個感覺是開朗，雖然也是綠蔭一片，千樹青蒼，原木的高大牌坊，原木的寬廣神殿，但與「東照宮」比起來，就沒有那麼青幽、濃鬱、繁富、精巧。

不知道是有意還是無意的，「德川家康」與「明治天皇」這兩位日本近代史上最偉大的人物，也有類似的不同：如我們前面所說到的，「德川」幕府兩百六十年的建設，包括政治的、經濟的、文化的、思想的，都是爲日本現代化所做的奠基工作，但最重要的還是發展出來的一套統制和控制手段，以及由「儒學」到「水戶學」到「國學」，由「尊王攘夷」到「萬世一系」到「對外侵略」，都是一套幽暗、曲折、而精巧的內化工作，大規模的、開朗的、毫不猶疑的走向現代化，悍然的、公開的、赤裸的對外侵略，則都是「明治」以後的事了。

走在「明治」的廣庭廻廊之間，總不禁想到「明治」的偉大事業——「明治維新」，它的因果，它與我們血淚相連的史實。

「德川」幕府末年，日本又進入一個風雨飄搖時期，由於商業的發展，原建立於農業社會之上的封建制度，就困難日多，由財政危機到思想統制引起的反感（一七九〇年頒「異學禁令」，開始對書肆加以統制，主要取締對象爲：㊀、黃色書刊，㊁、處士橫議的著作），到人心浮動、農民暴動，至一八四四年美海軍司令官俾德（Games Biddle）來「蒲賀」要求通商，鎖國政策抵不住外來的壓迫，加上十二代將軍「德川家慶」庸碌無能，雖井伊大老施行高壓政策，「安政大獄」捕殺「賴三樹八郎」勤王志士等數十人（賴三樹八郎有詩：「當年意氣欲凌雲，快馬東馳不見山，今日危途春雨冷，檻車遙夢過函關」——函關卽箱根——讀之亦令人酸鼻）。但要來的終究擋不住，「攘夷」既不成（英、美、法、荷四國聯軍於一八六四年陷下關，俄亦一度佔對馬島。）「尊王」的結果，是在「下民蠢起的革命形勢下，終於「大政歸還」。一八六八年宣告「王政復古」，廢止幕府（將軍）制度，易「江戶」爲「東京」，改慶應四年爲明治元年，如是「明治維新」開始。

起先仍是一個大亂之局，幸「薩摩」、「長州」、「土佐」諸藩强大的武力支持（薩、長就是首先斬英人向四國聯軍先後開火的「攘夷」派），才漸漸安定了下來，維新政府正式向「神明」宣告，第一條就是「廣興會議，萬機決於公論」。

仍是一個亂局，但「薩」、「長」、「土」三藩仍繼續支持維新政府，共組「御親兵」，後稱「近衞兵」，以「西鄉隆盛」爲首（這讓我們很容易連想到我們「百日維新」的袁世凱和他的新兵）。加以這時以「西鄉」爲首的，包括「大久保利通」（均出身「薩摩」）、「木戶孝允」的維新三傑等志士，都有相當的作爲，如是廢藩設縣；對多達四十萬戶的武士發給「秩祿公債」，予以解散或轉任公職；取消階級制度；施行徵兵制度；明治維新，由此漸上軌道。另如確立稅制，革新教育制度，嚴行司法獨立，都關涉到國家盛衰的根本。

這裡的徵兵制度，更爲維新政府生存之所繫，至爲重要。政府原係依靠「薩」、「長」等强藩的「武士」軍力所支持，「西鄉」歐遊歸來即施行徵兵制，這時的武力已是確實屬於政府，屬於平民（時在明治五年，一八七二年）。七年，「西鄉」因倡「征韓」不逞，辭歸故里，辦學養士，形成獨立，明治十年，終於藉口舉事，兵敗自殺，是爲「西南戰役」。

這裡有一個極有趣的問題：我們的「百日維新」想依靠的武力是袁世凱的新軍，袁出賣了光緒，百日維新，立卽失敗；明治維新依靠的武力是「薩」、「長」、「土」諸藩，後來這批武力又改組爲「近衞兵」，收歸政府；再後來卽施行徵兵制，讓平民充任政府的武力，終於打敗了首倡這個制度具有武士背景的「西鄉隆盛」和他的叛亂部隊。是不是就可以說：祇有平民的武力、祇有眞正屬於政府的武力才可靠、才可以維新呢？

「西南戰役」以後，明治維新才穩定了下來，一八七三年卽藉口「牡丹社」事件，決定「征臺」。一八九四年（明治二十七年），又挑起了「甲午戰爭」，更大步的走向侵略。逐步得手之後，更利用大額賠款，從事建設工作；日本國勢日盛，中國卽漸被凌割而更趨崩壞了！

以「尊王攘夷」的思想爲主導，加上「明治」個人却也英明過人，有才智，有個性，知人善任，勇於革新，運用平民武力，所以終於維新成功——反顧我們的「百日維新」，眞是感慨萬千。

日本的「明治維新」，是由最基本的最難的政治、軍事、司法、教育入手，而後及於經濟；不弄權，不存私，全國上下也都「勇於革新」，所以很快的就是一番新氣象，深入到生活、文化、倫理、道德，以及社會、家庭各個部份。同時，由於「明治」的成功和眞正受人敬仰，「忠君」的思想更爲發皇，再衍變成現在對事業、對權威、對上級的忠誠和服從，更爲現在經濟發展與人際關係奠定寬廣的基礎。

由「明治神宮」到「皇居」，我一直想着這些問題；「明治」是成功了，現在的「昭和」也是相當成功的——不實際參與權力的角逐保持自己作最後判斷的權威，如果他神智清明，眞心爲民爲國的話，在軍閥與政客、武治與文治、保守與進步相互的爭執翻攪之中，他是可以發生一些「宸斷」的力量的。

現在我們看到的「皇居」——一大片極爲優美的松林，隔着一片砂礫地，通過石橋和明靜的城河，一堵城墻之後，襯着依依楊柳，就祇看到一叠灰色的樓閣；而松林的對街，就是許多雄偉、恢宏的現代高樓大厦，這兩者一似互不相連，但一靜一動，皇居的寬廣、樸實，確是萬般繁華騰踴之中一個安定與調和的力量——它是那麼暝默無爲，但是你想到宮內竟設有一個生物學研究所，它是既與歷史傳統相契合，而又不是全然無識無知的。

「東京塔」位於東京「港區」「芝公園」內，高三百三十三公尺，本是一座綜合電波塔，但因較巴黎的艾非爾鐵塔還高十三公尺，所以又是一個世界的第一（一輩老是夸夸其談計較「世界第×」的人，一定會給人一個印象：這是一個十分「急功近利」的民族。），所以也就成了東京的「最現代化」的一個象徵，也就成了觀光的必經之地。

「塔」實際是一座四隻腳的方形大鐵架，塔底是一座地上五層的營業：商店、飲食、遊樂、展覽的綜合大樓，中段一百五十公尺的高處，是以展望爲主也包括商店、飲食的二層樓，買入場劵六〇〇圓（合臺幣一百元），可以電梯上下的遊玩到這裡。在兩百五十公尺的高處，還有一個圓形的特別展望臺，要上去要再買四百圓的票才可以。

對於我們常常登山的人來說，「登高望遠」並不稀奇，給我們印象很深的是：這麼大的一個工程，他們是於昭和三十二年六月開工，三十三年十二月完工，竟祇花了一年半時間；遊人和在這裡進餐的人和團體是這麼多，他們都有人照顧引導，依次排隊進入，更是秩序井然。

另一個讓我更十分意外、十分震驚的是：在一百五十公尺高度展望大東京，放眼幾十平方公里以內，所有林立的高樓大廈和疏落的平房高高低低的屋頂，竟都是方方正正的、乾乾淨淨的，沒有一片「違章建築」，一方「鐵窗」，甚至一堆廢物垃圾……請閉目想想，在這樣一個無人可見的角落，這麼大的一片面積，這是何等能耐，甚至何等可怕、何等難得的事，反觀我們自己，在這一方面我們的「國民道德」、「國民生活」，說句「恨鐵不成鋼」的話，落後何止一百年！

展望臺的上層，設有一個小小的神社，門面祇有一公尺多寬，高約二、三公尺，但却精緻絕倫。門外是原木的欄干，欄干後面兩側立着原木燈籠，門上掛着印菊花花徽的黑布門簾，門內花崗岩的石座上，安放着原木包金箔的小小神社；神社的小門緊緊關着，保持了神秘的氣氛，燈籠內燃的燈，照出了一份寧靜中的輝煌。除此以外，無零亂的神像，無嘈雜的貢品，無裊繞的燭火香烟；乾淨、整齊、樸素、精巧，這就是日本建築的縮影，生活的縮影。

「節目」已了，回程時嚮導要帶大家去「銀座」觀光「伊勢丹百貨公司」，車至半途，我看到一家書店，就要求脫隊，「自由活動」了。

剛穿過馬路，就看到兩部灰黑色的鐵甲車轟轟的駛來，敞開的車箱上，有好幾個穿着灰黑色運動服、綁着白頭巾的青年人正在揮舞着旗幟大喊大叫，一番聲嘶力竭，但叫的什麼却聽不清，祇有掛在車上的白布大標語是觸目驚心的：「收復失土」！「重訂憲法」！但行人似乎並不當一回事，既沒有人駐足觀望，也沒有警察來抓他。

由此時十二點多開始，直到深夜十二點多，我跑了「木曾地區」、「銀座地區」、「秋葉原」和「淺草橋」，中途因日幣不够，銀行又關了門，又趕回旅館和國人開的商店去換了些美金（旅館祇能換兩百元）。買的東西當中，最令我滿意的還是書。

同樣的，令我印象最深刻的，除了「銀座」的豪華、富麗、雄壯、輝煌以外，還是要數書店。以我盤桓最久的「伊紀國屋書店」來說，幾乎就像一間大超級市場，滿橱滿櫃的書，分門別類，應有盡有。所有的書都印製精美，實價實賣，付款的櫃臺，就有七、八處，擠着看書的人，摩肩擦踵，也像一間正營業鼎盛的大超級市場——這時你忘記了街頭醉倒的人，也忘記了巷尾的色情買賣。

日本是怎樣的一個國家啊——是疑惑，也是感嘆。

林蔭深處白系瀑布一角

河口湖的水光山色

富士山

我們都是愛山的人，對於富士山的美，早已心領神會，無限嚮往。就是不愛山的人，在遠遠看了富士山——尤其是電影上或照片上的富士山，也無不驚嘆傾倒，視爲靈峯仙山。

富士山海拔三千七百七十六公尺，對於來自雄岳矗起、高山之國的我們，並不算太稀罕，但在日本，這却是他們的第一高峯，第一神山。

最主要的是它的形勢：它是一座獨立的極爲完整的圓錐形火山，端然聳起於廣大平原淺丘之上，五湖之間，本已極巍峩壯觀，又恰巧位置偏北，春冬季節，積雪期甚長，常是半山晶瑩，遠看就像浮在半空中一座冰彫玉砌的冰山，令人目迷神懾。更加上夏天的青松，秋天的紅楓，早晚的彩霞，湖中的倒影，相映相襯之下，它的美，眞是華麗絕倫、空靈無比。

富士山的東北側，有「山中湖」、「河口湖」、「西湖」、「精進湖」、「本栖湖」，一連五個湖泊，稱爲「富士五湖」。這些湖都是地理上的「堰止湖」，也就都是火山岩流阻斷原有的溪流壅塞而成的湖泊。

「山中湖」面積最大，海拔最高（九百八十一公尺），就是在盛夏的大熱天，氣溫也不會超過攝氏二十五度，所以是歷史悠久的避暑勝地。

周圍另有「旭日丘」、「媽媽之家」、「見晴臺」、「忍野八海」等風景名勝。「旭日丘」位於湖南，是「山中湖」的觀光中心，交通四通八達，多旅館、商店、露營地，爲遊湖及遊覽的起點。「媽媽之家」位於湖北，「見晴臺」是湖濱最高的展望臺，遠眺湖光山色，富士山倒影相連，晚秋早春，最是一絕。「忍野」更在湖之西北，「八海」實是湖盆堆積後剩下的八個湧泉，各有面貌、各有名稱，是日本的「天然紀念物」，保存甚佳。

「河口湖」面積亦甚大，海拔也逾八百三十一公尺，周長達二十公里。湖中游泳、釣魚、遊船和遊樂場，設備俱全，旁有「船津濱」，是「河口湖」的觀光中心，旅館、民宿、飯館、商店多設於此，極爲方便，更有「富士博物館」，收集有富士山的許多資料，可供研究欣賞。東有「天上山」，海拔約一千一百公尺，由「船津濱」可乘纜車而上，展望富士五湖全景，視野最佳。此外湖中的富士倒影，和富士博物館頂樓的「民俗性科學」資料，均屬一絕。

「西湖」、「精進湖」、「本栖湖」，位於富士山之北，均各有旅館、遊樂設備，各有特色，尤以沿路的「冰穴」、「風穴」及廣闊無邊的青木原樹海，均各有勝處。由此而西，還有一個人工的「田貫湖」，湖畔草原柔媚，西岸是露營場，南岸是「小田急花鳥山脈遊樂地」，整個位於

「朝霧高原」上，開朗、秀麗，最適於大衆團體遊樂。由西向南，還有著名的「白系瀑布」、「奇石博物館」；東上，就是富士山半腰的「新五合目」。

富士山南延而爲「伊豆半島」，島東爲「相模灣」、西爲「駿河灣」。富士山與伊豆半島之間有「箱根峠」，古爲關東關西兵要之地，也是幽美的溫泉之鄉，日本着意經營，早於一九三六年，定富士、箱根爲國立公園；一九五五年納入伊豆半島，是爲「富士、箱根、伊豆國立公園」；一九六四年再擴大至伊豆七島，包括東京、神奈川、靜岡、山梨一都三縣，成爲面積廣達一十二萬二千三百公頃的第一級國家公園，與日光、瀨戶內海、阿蘇並稱於世。

這樣大的一個地方，就祇說富士與五湖吧，最少總要五天的時間，才能暢遊一遍——最好是先登富士山，再在幾個觀光中心點，寄住民宿，各人租一輛脚踏車，就可盡興一遊。可惜觀光客的時間總是太匆促了，而我們的主要目標仍是富士山，也就祇有隨遇而安了。

今天是來日的第五天，我們開始走向富士山——這是我們眞正企盼的一天。一早換了一部中型遊覽車，大件的行李，由兩位日本嚮導另開一部旅行車隨行（富士山回程時，他們開車直去大阪，我們要轉往「乘鞍高原」，再縱走「槍穗連峯」，然後再去大阪會合）。

這次走的是「中央自動車道」（高速公路），兩邊的山野鄉村，風光甚爲幽美，翠綠的草原，艷麗的村屋，直如童話世界。最令人讚嘆的是，車道兩側，凡經過村落的地方，大都設有兩三公尺高的吸音板（據說祇要村民申請，政府就安裝），對於公害的防止，可以說十分盡力。

車過「大月」之後，轉入「富士吉田」，道路兩邊就更美了，一望盡是一片片巨大的松杉林，亭亭蒼蒼，滿眼青翠；而一棟棟白牆藍瓦（也有紅的綠的）的別墅和農屋，夾着一處處引人嚮往的名勝去處：「河口湖」、「西湖」、「精進湖」、「風穴」、「冰穴」、「本栖湖」、「朝霧高原」、「牧場」、「田貫湖」、「奇石博物館」……接踵而來，可是，車仍是一溜烟的在柏油路上滑走，僅祇短短的一瞥，更覺逗人，好在遠處的富士山，已在天際隱隱的閃出雲層，已够令人嚮往了。

車掌是一位標準的日本女孩，粗眉大眼，配一個滾圓的娃娃臉，和一副短胖的身裁，頭上斜戴着一頂白軟帽，圓臉蛋一笑兩個酒窩，加上一份十足的稚氣（還祇十六歲），和聽人講話時不斷的輕輕的「嘿！嘿！」的羞澀，實在十分逗人。

一開車時，她就在不斷的忙着，還學着說：「您——早！」（您早）「您——好！」（您好），那份怪腔調，眞把大家笑死了。在「嘿！嘿！」了好久之後，她大概還想表現一番，或者是想做的更像遊覽車小姐，說是要爲大家唱一首歌。唱着、唱着（據說唱的是「富士山」），想不到却嘩嘩的流下了一串串眼淚，接着更索性哭了起來……這一下眞把大家「嚇」傻了，一時竟沒有人出聲（祇有曹老師偷偷遞了一疊衞生紙給她）。我低低的問前座的老陳，她是爲什麽，他說，她看到我們這些外國人嚇倒了，她緊張，怕唱不好。

聽了之後，心裡陡然一驚——要把工作做好，把工作當工作，在這裡是一個普遍現象，譬如爲我們開了幾天遊覽車的司機，從早到晚，把車開的平平穩穩，不亂按喇叭，不超車，我們吃飯也從不必請他，他也認爲很自然。有一天早上遲來了十多分鐘，他竟公開的向大家鄭重道歉。其餘如百貨公司的店員、旅館的侍者，看了人無不「哈衣！哈衣！」連聲，表面上無不恭敬客氣。現在却是一個小女孩，一個十六歲的小車掌，爲了緊張沒有把歌唱好，竟急得或是羞得哭了起來。

日本舊時的武士，常常爲了主人而切腹；日本的大臣，常常爲了行政上的責任而辭職。這都是我們早已知道的，可是讀了下面的一段歷史，仍令我十分震驚：

「寶曆三年（一七五三）十二月，爲木曾川治水工程，幕府（德川）飭薩摩藩承修。該藩於翌年正月着家宰平田靱負爲總提調，將該藩國產爲抵押，在大阪商人處借款三十萬兩，於二月二十二日開始，至五月二十二日，一度中止。秋九月再度開工，於翌年三月底竣工。因工程困難，用費超出預算，總提調平田與屬下四十九人，爲向藩主謝罪，同日切腹。」（德蘇峯著《近世日本國民史》寫到這裡，我們不能不痛心的想：西方的個人主義，讓每個人有充份的自主、自尊和自由的創作、發展；日本的集體主義，讓每個人都能忠誠、團結和負責盡職。我們該怎樣呢？我們又如何來教育我們的下一代呢？政府嗎？我們政府的教育政策究竟是怎樣呢？實行起來又如何呢？大小官員任事的作爲和魄力尤其是責任心呢？

中午至「白系山莊」，我們在這裡休息和午餐。日本的「定食」我們也吃了好幾餐了，可以說是份量和味道十分不足，却簡單、方便、衞生、整潔有餘。

就像現在一樣，成排的長桌，人兩邊面對面的坐着，桌上預先放着木餐盒，打開之後，就是一碗白飯、半碗味噌湯、一片炸豬肉、一撮青菜、幾片醃蘿蔔。吃完了之後，蓋上木盒，眞是「新速實簡」，一切淸潔溜溜。這裡旅行的學生很多，都是排隊進入，依序出場，一個一兩百人的餐廳，旣無嘈雜吵嚷，也無油烟汚染，乾乾淨淨的原木桌椅，竟是一派窗明几淨的樣子。

屋後面就是「白系瀑布」，林蔭溪谷中，一四長長的飛瀑和一片寬寬的流泉，水沫翻瀉，溪聲淸脆，這就是著名的一景了。火山地質的瀑布，好像都是這種型態；主流是溪水，一片如絲的細流，却是地下水透過新舊不同的溶岩層如簾瀉出，所以才有這種「複合」的雙重瀑布。整個水幅寬約一百二十公尺，高逾三十公尺，雖非壯美驚人，但如逢秋葉泛紅的時候，當更有可觀。

這條路非常幽美，我一直把它拿來和我們臺北到陽明山嶺上的那段公路相比，但還要更平整、更寧靜。綠油油的森林、精巧的別墅，連綿的湖泊，廣袤的露營地，牧場的牛羣，以及地質上的各種奇景、奇石……一路上眞是目不暇給，尤其是綿延數十公里，却並無多少人行車走，所以就更爲幽靜引人——「我們眞應該到這裡來住幾天！」——這是我爲我們下次許的心願。

富士山一直在左邊，先還看到霧濛濛的圓錐形山頂，到現在已與綠野連綿成一片，空中是雲是霧，已難以分辨了。

車一直開上兩千三四百公尺的「新五合目」，就像一頭撞入了風雲雷火陣，祇見黑漫漫的霧、急吼吼的風、赤礫流瀉的山坡和離落稀疏的斑剝灌木，情景就像一座連樹苗也難生長的火山。

「這就是富士山？」

是的，這就是富士山；它遠看美麗絕倫，但它確實就是一座不折不扣的火山。

富士山的基盤是地質時代第三紀、約兩千五百萬年以前的「御坂層」，先噴出的是「愛鷹火山」，約在七十萬年以前，再噴出「小御岳火山」和「古富士火山」，最後在三十萬年以前，再噴出最上一層現在富士山的圓錐頂。火山漿岩流，逐層熔接堆積，這個火山也就逐漸漲大增高，終於形成了現在高達三七七六公尺完整的錐形山勢。實際上它就是一堆表面鬆疏而內層堅硬的火山岩流堆，它的山頂有塌落的火山口，它的西北兩側已崩裂兩個大溝；它在歷史上曾有十八次的爆發，最後一次是在一七七〇年，至於甚麼時候再會爆發，誰也不知道；它祇是在潛伏休息，時間到了，它會再一次的天崩地陷——寫到這裡，我忽然覺得它確實是日本最眞實的「日本的象徵」，它美得讓人艷羨，但它的內層、它的將來呢？會又是一場烟火流石嗎？

「新五合目」也有一座相當考究的山莊，吃的、喝的、賣的（紀念品），樣樣俱全。我們把裝備整理好了之後，就開始步行。

踏上山坡之後，就看得更清楚，滿山完全是火山岩礫，紅紅黑黑，完全就像煤渣，而原來的岩石（玄武岩），有的已被熔成玻璃狀的岩流或岩堆，就疏落的突起或埋伏在礫坡之間。這種煤渣狀的岩礫，十分疏鬆，脚踏在上面，走一步退半步，相當費勁。

這樣的地質，全無壤土，所以植物很難生長，在兩千四百公尺以下，還有成林的松杉，在此以上，就完全祇有些小灌木（大都是高不及尺的黃色虎杖），也有一些稀稀的小芒草，和一部份新植的小杉，由此而上，就幾乎是赤裸裸一片黑紅的渣礫。

天氣越來越惡劣，一上山坡，就是不停的刮風下雨，加上大霧迷濛，情況頗爲慘淡。路成之字形的緩緩而上，平時本不難行走，但現在却步履艱難，但我們前面幾個，都有多年的高山經驗，所以脚步仍沉穩有力，緊跟着日本嚮導，步步上行；後隊却漸漸落後了，祇有走一程，等一程，一等就是十多分鐘，在這一無遮攔的高坡上，一停下來很快就凍得發抖。

由「新六合」、「六合」、「新七合」，山越高，風越大，尤其是通過岩石赤裸的風口，已經完全難以移步了，後隊就落後更遠。

四點鐘終於到了「七合目」，由「五合目」開始，整整走了兩小時。

「七合目」的山屋相當寬敞，木板地坪鋪上草席，也相當乾淨。管理人員十分親切和藹，馬上捧來了熱茶和糖果，當知道我們要留下食宿時，更立卽穿上了制服，五個人全體出動，生起了火爐，照顧着我們安頓了下來，立卽準備晚餐。

這裡管理得極好，雨衣要掛在玄關，濕鞋要用塑膠袋裝起來，紙屑垃圾不得亂丟，大小便一定要在厠所（在這快到三千公尺的高山上，居然還準備了水桶可以洗手）。最難得的是乾淨，在這樣一條動輒成千上萬大衆化的登山路上，竟沒有一點紙屑、一個廢塑膠袋，實在看得人驚心動魄。

第一晚本來是要住在三千兩百多公尺的「八合目」的，想不到漫天的風雨以及後隊的人脚力不濟，祇到了「七合目」。第二天原定是要三、四點鐘出發上到山頂看日出的，想不到仍是漫天風雨，捱到六點多鐘才上路。

一上山坡，頂頭就是一陣陣狂風呼嘯，雲霧滾滾，滿山灰沉……尤其是在等後隊時，人掩伏在赤裸裸的岩石上，手脚僵冷，實在艱苦，但鬥志仍高，一步步的總算走過了富士山的大門——木柱的大牌坊。

再向上走，坡漸趨平緩，海拔更高，風亦更大，眼看後隊的人已漸漸不濟了，有的摔了腿，有的扭了脚，爲顧及整隊的安全，領隊就決定退回「八合目」再作計議——我知道一退就兵敗如山倒，但團隊至上，也不好再說甚麼了，終於一退到底，中午就回到了「五合目」。

仍乘專車，很快的到了「河口湖」。湖水盪漾，楊柳依依，回看富士山，竟祇是一陣烏雲半掩山頭，無論如何也想不到它實際上竟是那樣的荒寒、險阻。

團隊活動，總難盡如己意，好在，富士山並不是我的第一目標，再說，我們確已盡了力了。

再見，富士山，要再來，當是明後年的事了——也或許竟是遙遙無期呢！（寫富士山另有專文列入附輯，可盡窺全豹。）

乘鞍高原小學校屋頂裝的太陽能設備

上高地開始負重步行，沿途多唐松、白樺。

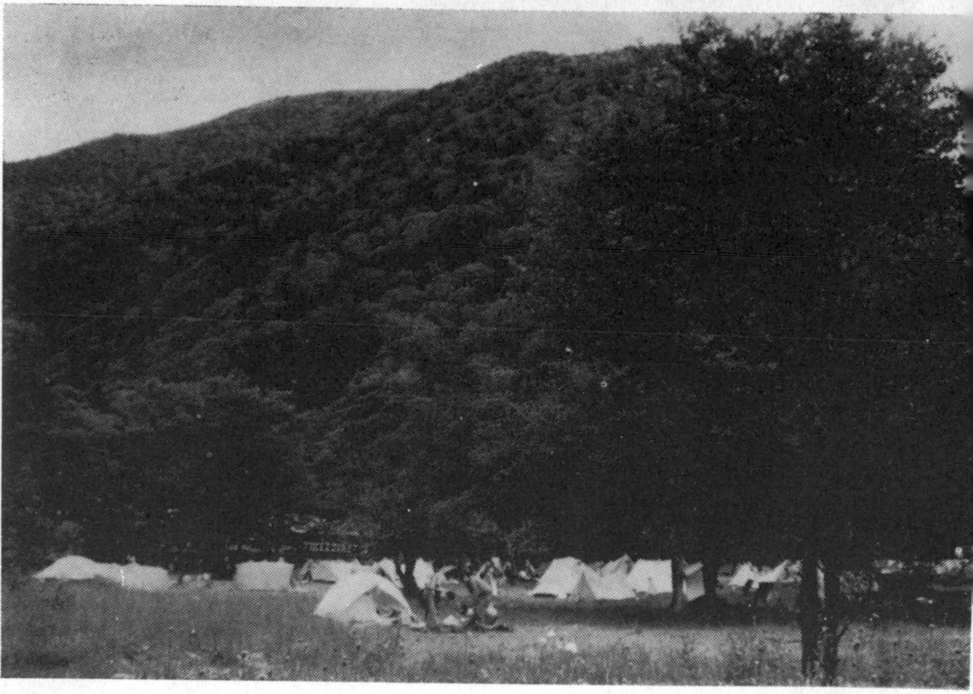

林蔭中的廣大露營地

登頂成功，在風雲迅急，三千一百八十公尺的高峯留影。

乘鞍、上高地、槍岳

由富士山、河口湖下來，仍乘遊覽車經「大月」回到中央高速公路，目標是「松本」、「新島島」至「乘鞍高原」，再轉「上高地」，去登日本的第一名山——槍岳（富士山雖是「日本的象徵」，也是最高最美的一座山，但在登山界却祇把它看成「遊覽勝地」，「健行」卽可；「槍」，却是山勢最雄奇峻峭的一座高峯，爲登山人士夢寐以求的「高山殿堂」），如有可能，再縱走「穗高連峯」。

「槍」、「穗高」是日本著名的高山連峯，非一般人所可及，但「乘鞍高原」、「上高地」，却是最好的觀光、健行、滑雪的休閒勝地，可惜一般觀光客和旅行社都沒有這個活動，自然難以深入了。

和臺灣一樣，日本也是一個多山的島國，三十七萬八千平方公里的土地上，山地佔百分之七十六，超過二十八萬三千多平方公里。

日本多山，但眞正的高山，却祇集中於日本的中部，由北到南，由「飛驒山脈」、「木曾山地」以至「赤石山脈」，再連上「關東山地」，是爲日本的「屋脊」，與臺灣不同的是，它的「屋脊」不是縱貫全島，却是橫截在本州中部、「富山」、「長野」、「岐阜」、「山梨」、「靜岡」之間，日本早已把它劃爲「中部山岳國立公園」、「南阿爾卑斯國立公園」及前篇寫過的「富士、箱根、伊豆國立公園」。在日本登山界中，前面的三大山脈，又被通稱爲「北阿爾卑斯」、「中央阿爾卑斯」及「南阿爾卑斯」，合稱「日本阿爾卑斯」，以與歐洲的「阿爾卑斯」比美。

「槍岳」海拔三一七九公尺，完全是一座錐形火山岩巨峯，石壁嶙峋，一尖矗天，其形勢之險銳，爲日本高山之冠，由此西北走爲「西鎌尾根」，以接「雙六岳」、「三俣蓮華岳」；東北走爲「喜作新道」，以接「常念岳」、「燕岳」；向南，是另一系列的煌煌巨峯，由「北穗高岳」、「涸澤岳」，以至海拔三一九〇公尺的「奧穗高岳」，再西南走爲「西穗高岳」，東南走爲「前穗高岳」，是爲「穗高連峯」。

「西穗高」以南，山脈繼續蜿蜒起伏，經「燒岳」、「安房峠」、「安房山」、「十石山」以至「乘鞍岳」。「乘鞍岳」海拔三〇二六公尺，其東側爲一廣大的傾斜緩坡，由「乘鞍岳」的「劍峯」直抵梓川的「前川渡」，是爲「乘鞍高原」。

這些山都是火山，所以溫泉極爲發達。這一大片平坦的高原，自然是春冬季節最好的滑雪場。原野山谷之中，也有兩條清澈的溪流，所以也多飛泉流捲的瀑布。加上滿山滿谷青蒼的松杉和樹幹華美的白樺，所以，自然就形成了一處地勢開闊而風景幽美的休閒勝地。最難得的是，這裡尚未被觀光汚染，很少處處收錢的人爲設施，也罕見繁華囂鬧的大旅館，却儘多幽靜樸實的民宿——「國民休暇村」、「乘鞍自然園」、「國設滑雪場」、「高原溫泉」、「三本滝」、「善五郎滝」、「番所大滝」、「大野川」、「牛留池」、「一之瀬」、「夜泣峠」，白樺、林道、牧場……組成一首大自然風物的交響詩，別有一番清新繁富之美。

這樣一個散淡閒適的地方，自然還不是一般觀光客的匆促目的地，也就不是一般旅行社手邊的「招牌菜」，我們這一羣幸得登山之便，能來此盤桓數日，實在難得。

車一路行來，仍是山明水秀、景物俊美，在觀感上與臺灣大大不同的是：山坡上青翠一碧，沒有墳頭成堆、擠成一灘灘的墓地；田陌間樹屋嬌巧，沒有飛簷犄翹、姿采艷麗的寺廟；而車路盤道、行列井然，速度不快，但却絕少搶路爭車、穿鑽蛇行。所以，總覺得到處都充滿了明媚寧靜、一種現代的自然之美。

過「甲府」以後，左側山列，逐漸聳起，勢如蟠龍起伏，爪牙戟張，青殷殷的十分險要——

「這是甚麼山呀！」大家憑窗一番驚叫。

「大概是阿爾卑斯吧？」

山勢未盡，右下邊又有一湖，水色浩渺，房屋櫛次鱗比，儼然是西湖形勢……正猜測時，車已在休息站停下來了，原來這裡就是「諏訪」，湖就是「諏訪湖」。

這個高速公路的休息站，蓋得極爲寬敞明淨而富於現代感。靠湖邊有成排的玻璃落地窗，窗外有花架、石欖和紅磚砌的陽臺和短牆，放眼湖光山色、千戶人家，正是如詩如畫，令人留連。

站上有食品供應和當地土產，也有免費的茶水和窗明几淨的桌椅，供人自由休憩展望。更有齊全的各種高速公路地圖，供人取閱參考。這種圖包括了日本全國的高速公路和地形、地名、名勝、要地，製作十分精確、精美，但却任人自取，甚至每個休息站（我們經過的都是）都無限制供應，這種週詳和氣派，眞叫人不能不佩服。

繼續前行，漸漸的左前面出現了一列山尖；漸漸的由一列列筍尖，竟逐漸成一叢叢的冰峯。是眞的積雪的冰峯，遠看就如北極的冰山，稜稜的峯刃，在燦亮的陽光下，一片冰晶，奪目生輝。

「是槍！」有人驚叫說。

「是的，是槍岳和穗高連峯。」

「怎麼夏天快過了，還有那麼多雪？」

是的，怎麼還有那麼多的雪？不論以後幾天怎麼去攀登它，但眼前這一番閃耀的雄奇和華麗，確實令人心動。

車過「松本」至「島島」，再經「德本峠」轉入「安曇」。「德本峠」另有一條「管理用車道」（一般外來車輛不能通行）可直接至「上高地」，但國道（一五八號）是走「安曇」到「前川渡」再分路，北去「上高地」，西至「乘鞍高原」。我們爲了休憩「整補」兼遊覽，所以先到「乘鞍」。

「德本峠」以後，已經完全是峽谷地形，由「槍」、「穗高」、「常念」高山地帶所發育的「梓川」，在這裡已滙成深潭，築有「稻核」、「水殿」、「奈川渡」三個大水壩，總稱爲「安曇三壩」。

以「島島」爲合流點，上游的溪流成珊瑚狀分佈。面對「乘鞍高原」，右有發源於「霞澤岳」的「二俣溪」，引水至「島島谷發電所」，最大輸出爲兩千六百瓩。上右的「梓川上流」、「大正池」的蓄水，引至「霞澤發電所」和「澤渡發電所」，最大輸出分別爲三萬九千瓩及四千瓩。發源於「十石山」的「湯川」，引水至「湯川發電所」，最大輸出爲六千瓩。正前有發源於「乘鞍岳」東側的「大野川」和「前川」，引水至「前川發電所」，最大輸出爲兩千瓩。「梓川」合「湯川」、「大野川」、「前川」及發源於「乘鞍岳」南側的「奈川」之後，水量大增，滙成深潭，「奈川渡」大壩下，設有「安曇發電所」，發電量爲各所之冠，最大輸出爲六十二萬三千瓩。「水殿大壩」設有水殿發電所，最大輸出爲二十四萬五千瓩。最後的「稻核大壩」，引水至「島島」附近的「竜島發電所」，最大輸出爲三萬兩仟瓩。大正末年，這一帶的發電量是十萬瓩，曾對工業的發展有很大的貢獻；昭和四十五年「安曇三壩」建築完成，總發電量一躍而爲九十六萬瓩，對工業與農業的生產，貢獻更大。最難得的是，這樣一個大規模的發電地區，不但對自然無太大的破壞，却更使沿線地區，全面形成觀光、休憩、健行的風景名勝，主要的應該是得力於岩石的質地優良和水土保持做得澈底。

一如我們的「谷關」、「德基」一線，車路沿山蜿蜒，一邊是高聳的岩壁，一邊是深湛的潭水溪流，一座座馬蹄形的大壩，（恢宏雄壯的「安曇大壩」高達一百五十五公尺，頂寬逾三百五十五公尺）與蒼山碧水相映相截，竟成一絕。如擡頭仰望，甚至可見高高在天的「乘鞍岳」，一片積雪晶瑩，端的是神仙境界。

路在「前川渡」分岐，前去是「上高地」，左走溯「大野川」、「前川」而上就是「乘鞍高原」。

「乘鞍高原」在「國民休暇村」一帶，確實是最好的最悠閒的休暇的地方。一條光潔的公路，許多縱橫的步道，山坡山谷和路兩側，有許多民宿、咖啡館和小商店。這些建築都是木造，顏色新艷，形式奇巧，更難得的是不擠不亂，各有特色。咖啡館和小商店，都蓋得像渡假的別墅，門前繁花耀眼，門上掛着門鈴，窗簾披拂，人影依稀，衹要看清了木牌上的營業時間，你大概就是受歡迎的客人。「民宿」就是「家庭旅社」，在這裡多達一百幾十家，但因散佈在甚廣的林蔭之間，所以不擠也不嘈雜。民宿的建築，最多的也是木造，外表樸實無華，但屋內日式紙門「榻榻米」，却佈置得又新又精緻，尤其是蒸騰着琉璜氣可幾人合用的浴室，最具特色。

這是一個悠閒樸素的地方，却絕不是一個落後無知的地方。除了每家必有的水電瓦斯衞生設備和汽車以外，有的人家還設有太陽熱水器和有篷的三輪車；公共厠所無人收費，管理却纖塵不染、衞生紙不缺；而僅有的一個兩尺高的木造神社，却綠痕滿徑，想久已是「落葉無人風自掃」了。這樣一個充滿了悠閒恬靜的地方，當我們漫走着——有時竟與黃鷄白鴨爭道時（幸虧並不多），人眞的會自然的開懷大笑了。

我們是住在一個「登山俱樂部」內，也是木造的房屋，樓下是兩間榻榻米的房間、一間餐室連廚房，再加浴室、厠所，樓上是寬闊的厚木地板，鋪着毛毯，就是最好的臥室和起居室。靠牆有許多滑雪板，櫃內有許多登山書刊，玻璃窗開向綠油油的樹梢，看樹葉樹枝隨風搖曳，聽風聲雨聲淺嘯叮錚，常常叫人興起故國之思的離情別緒。

我們在這裡來回住了三天，大部份時間我是在樓上窗前伏案寫稿。下午時分，小雨之後，我也步入林中；這時亭亭的松杉之間，常常透出一片片的陽光，把雨後的枝葉，更映得一團團光影重疊，青翠鮮潤。樹林之中，有不少的白樺，雪白的樹幹，斑斕的皮紋，極爲雅緻醒目。順小徑下行，走過幾棟木屋別墅，穿出一大片綠樹濃蔭，步下小山坡，就是「前川」的小溪邊。溪水碧綠清澈，奔過河內紅的黑的石頭，不斷的激起一團團的雪花，流出一陣陣的嘩嘩。溪上有吊橋，溪邊有人垂釣，下到溪旁岸下，可以撿到許多色彩瑰麗的火山岩，但想到還要通過國境，飛回臺灣，也就祇有忍痛「割愛」了。

雨中散步，自是別有情趣；雨中登高山，却是旣艱苦而又相當危險的事，尤其是異國的巉巖巨峯，更多一份陌生和威脅，但如果因而取消了這個計劃，就眞是「四大皆空」了——原來本想一個人乘便去登「乘鞍岳」的，但因團隊行動不便「脫軌」，一直未曾開口——所以，一夜風雨，眞把人急壞了，大家「枕戈待旦」，苦盼「出頭天」，幸而六點多鐘，天空略現開朗，而車子和嚮導，也都適時趕到，如是「一躍而起」，立卽掌號（吹哨子也）出發。

這是一次眞正的登山，所以留下了幾近一半的「軍文眷屬」和「輜重行李」，選「精兵」十一，連同當地「斥堠」三人，「輕騎」前進。

車過「前川渡」，轉上一五八號國道，向北直駛「上高地」。兩岸都是高山；峽谷幽深，溪流急湍。路在溪東，右手卽爲連續的岩壁，但保持極佳；滿眼樹木鬱茂，飛澗鳴潺，偶有開挖處，也多砌有護牆，外罩高三數丈不等的鋼絲網，籐葛覆載，竟也是一片綠意盎然。

也與我們的「谷關」、「德基」前後差不多，沿途也有許多隧道，長一些洞內均連續設有緊急電話，燈號明顯；我們走過的高速公路上，也都是這樣，可說設想十分週到。

溪西側也是一連高山，陡陡的山坡上，完全沒有墾建的樣子，也是樹木鬱茂，一片綠意蔥籠。說眞的，走在日本這些路上，總覺得樹木長得特別高（就是田坎上的野草，也似乎長得長些），不知是他們的人民不勤快，還是他們的政府在着意保護。

過了「白骨溫泉」，就是「燒岳」的火山口。這是一座活火山，到現在還在不停的噴烟，它的火山岩漿，循坡東下，壅塞了「梓川」的河道，形成了「大正池」一汪水潭。沿火山岩流路以及「大正池」邊，還有許多燒剩了的樹幹，白木蒼蒼，有一種「劫後」的愴涼，但人爲的努力加上天然的生殖力，所以滿眼仍是一片生機。

過了「白骨溫泉」之後，就是縣有道路，但仍平整如前，如此直到「上高地」。

「上高地」是登「常念」、「槍」、「穗高連峯」和沿溪露營、健行的主要基地，旅館、山莊甚多，食堂、診所、郵局、派出所及紀念品商店俱全，交通也很方便，至「島島」、「松平」、「乘鞍」均有班車行駛。一般外來和營業車輛到此爲止，進去，管理車輛還可以走到「橫尾」，其餘就完全是人行步道，是登山、健行、露營人的天下了。

車到停車場，就眞的把人嚇了一跳，祇見高聳的木造樓屋之前、廣大的停車場上，竟排滿了大型的豪華巴士，行人如鯽，眞有點像我們的「陽明山」花季——異國景物，就更多一份新奇和興奮。

重新整理裝備之後，卽魚貫上路，很快的到了「河童橋」。這是一座寬大的吊橋，橫跨「梓川」兩岸，橋下流水漪漪，兩岸綠蔭一片，就在林深綠蔭之中，散佈有許多建築各異的木造旅館，進進出出的以及橋上河邊到處都是登山人；男男女女、大大小小、花花綠綠的登山客，高出肩上的大背包，這一番景況，實在生動引人，就像一大羣要去遠足的小學生，興奮和笑聲，就在臉上心上和廻盪的空氣內。其實這種鏡頭我在十年以前就熟悉了，不過往日是在畫册上，今天却是人入圖畫中；多年想望，自然更多一份欣喜，印象重叠，又是一番新奇的經驗。

走入林蔭深處，到處都是一片濃綠，鐵杉、唐松、白樺，樹樹挺拔蒼勁。由幾棵白樺杈枒的樹梢上看去，隔溪就是連亙如牆、巉巖交錯的「穗高連峯」，青蒼的山坡，斑爛的岩壁，積雪的山谷，細礫流動的縷縷山溝，那種莊嚴、雄偉而萬籟寂滅的氣氛，眞令人叫絕。

這一路上有許多山莊和露營地，「小梨平」、「明神」、「德澤園」、「橫尾」，彩色的各種各樣的帳篷，彩色的各種各樣的人，旌旗招展，意氣風發，眞像一場十里連營的盛會。

「橫尾山莊」是一個分路點，由這裡可以東登「蝶岳」、「常念岳」，西攀「屏風岩」、「穗高」諸峯，我們却繼續深入，目標是千山之上的「槍」。

路一直溯溪前進；路上鋪滿了黑黑白白的花崗岩砂礫，走來沙沙作響，平整易行。過了「橫尾」以後，路漸趨崎仄，過棧道，越濕原，約歷經四個小時，抵達「一之俣」小屋。這裡是「梓川」上游、「七段滝」、「一之俣溪」與「槍澤」的合流處，由這裡開始，我們逕溯「槍澤」而上，直逼「槍岳」。

由「河童橋」到「一之俣」這漫長的山路上，高度幾乎沒有增加，但由「一之俣」開始，卽由一千七百公尺直爬至三千一百公尺；尤其最後由「殺生小屋」直爬至「槍岳山莊」，五百公尺的大陡坡，岩石崚嶒，眞如一片高牆，形勢極爲險要。

由「赤澤山」與「橫尾尾根」兩稜相夾的「槍澤」溪谷，是一條萬年的冰河雪溪；這時正是盛夏七月之末，但溪底的冰雪仍厚達兩公尺以上，底層多已溶化，形成雪橋、雪隙，冰壑處處，激流洶湧，看得人目眩神迷。

「橫尾尾根」臨「槍澤」的一面形成大斷崖，岩石青蒼，山壁翠綠，襯着溪底的冰雪、半山的白雲，眞是華麗、典雅而又雄渾絕倫。

下午四、五點鐘，全體攀上槍穗主稜，終於抵達「槍岳山莊」。

「槍岳」三千一百八十公尺的最高峯，完全是一座巉巖的尖塔，最怕打雷，更怕刮風。當夜又是風雨不停，令人心冷，縱走「穗高連峯」的活動祇有取消了，「槍岳」決定「死守」；一直到第二天下午三、四點，天方稍稍晴霽，大家迅卽束裝上路，決定最後的一擊。

我們不止一次的攀登過我們的「玉山東峯」、爬過我們的「小霸尖山」，「槍岳」這最後一百八十公尺的岩壁，實在並不嚇人，二十年走山的經驗，轉戰「百岳」的毅力和體力，「槍」，實在困不倒我們——二十分鐘後，終於全體登頂這日本的第一名峯。

風仍大，刮得人站不住脚，但我們還是在那座小神社上，雙手扯開了我們的國旗和隊旗，任風聲烈烈，滿山烏雲滾滾——這就是成功的一刻！（寫槍岳另有專文，載於附輯一）

下圖　夫婦岩海邊—正是一個情人許願的地方。

上圖　巨石砌成的名古屋城

大阪市內造型簡潔而現代的旅館之一

松本車站前（行人過街，均守交通規則）。

幽美曲折的二條城庭園。

下圖　奈良五重塔

上圖　京都另一寺廟古蹟「清水寺」，已略現老態。

拾級登塔

極富詩情畫意的亭臺花樹。

池塘深處更顯蒼勁的金閣寺

奈良公園外景

典雅雄偉的大天守閣

兩京文明

日本的皇室雖以「萬世一系」自稱，但在奈良時代以前，國都並不固定，國力既差，文物建設亦無可觀。直到公元七百一十年，元明天皇定都大和盆地之北的「平城」，稱為「平城京」（就是現在的奈良），歷七位天皇七十餘年之經營，一切始燦然大備。

最重要的是，這時正值我國盛唐時代，國勢昌隆，文物鼎盛，日本每年都派人來朝覲、進貢、貿易、學習，平京的規劃與建築，卽以長安為藍本，依樣建設，可惜時經一千兩百餘年，這些宏偉的城街宮殿，除了發掘出來的依稀遺跡以外，一切已不可追尋了。但今日滿街楊柳依依、梧桐搖曳，在蔥籠的行道樹中，房屋街道仍保持着古代形制，那份從容樸素之美，是東京、大阪那些繁劇的現代都市，所無法比擬的。

盛唐也是一個佛敎極盛的時代，隨着文化的輸入，佛敎也傳入了日本。平城定都以後，大建寺廟，其中最著者，就是「東大寺」。東大寺是聖德太子為祈求國土平安而發願興建的，舉全國之力，加上來自朝鮮和中國許多名匠，所以最著大陸的恢宏氣魄；它是目前世界上最大的木造建築，最大的銅鑄佛像。這座廟雖然幾經火災，但歷次重修，仍保持原有規格舊狀，所以極爲珍貴。

除東大寺以外，另如法隆寺、唐招提寺，也都是仿唐建築，時歷千年，已成國寶，更是大唐文明在海外的珍貴遺跡。

日本的莊園制度興起之後，貴族之間，爭權奪利，各寺僧侶，又羣起干政，桓武天皇亟圖振作，乃於公元七百九十四年遷都於「平安京」，這就是京都。

京都形勢極佳，東北西三面環山，外有浩蕩的「琵琶湖」，內有清流一碧的「鴨川」，祇有南面爲出入門戶，金湯磐石，氣象恢宏非凡。定都以後，仍如奈良以長安爲藍本一樣，進行建設。如是連續四百年，政治權力集中，文化茁壯發皇，是日本歷史上最重要輝煌的一段——這就是著名的「平安時代」。

「南朝四百八十寺」，用這句話來形容京都，一點也不過份。細數起來，光在市內，著名的宮殿寺廟，卽達三數十處，而且各有歷史，各具特色。

第一個是王宮，也就是京都御所。它的建築非常樸素、單純，樑柱都用原木，不加油漆彫飾，屋頂不用瓦片，却堆以層層的樹皮，庭院走道不用石板，而是以細小的石子舖平，木板的走廊，榻榻米的居室，名家書畫的屛風隔間，寬大、陰沉、低矮，處處有一種莊嚴、穆肅的氣氛。

另如御苑，更是日本庭院藝術的精華，佈局剪裁精巧纖美，花木水石，錦繡玲瓏；一年四季，均有不同的花、不同的景色，眞是巧奪天工，可惜這裡並不完全開放，觀光客很難一窺全豹。

除了王宮以外，另外還有「桂離宮」、「修學院離宮」兩處，都是天皇的別墅，也都十分精美；尤以桂離宮是以「月」爲主題，更以清淡高雅見稱。

能與王宮相並稱的是「二條城」，這是江戶時代，德川幕府在京都的住所，規模雖較御所稍小，但富麗豪華則有過之，低矮而寬敞、隔間加彩繪的榻榻米住所雖大略相同，但那條仿吳宮的「響屧廊」(有人走過長廊時，雖然脚步極輕，也會發出響聲，引起衞士的警戒)，却說明了權傾天下的人物，也是心懷恐懼，隨時需要戒備保護。

其餘如「廣隆寺」最古的彌勒佛彫刻；「金閣寺」外貼金箔的輝煌富麗；「三十三間堂」五百尊千手觀音的精美彫像；「東本願寺」木造結構之高大宏偉；以及「知恩院」的彩繪，「仁和寺」的櫻花，「淸水寺」的紅葉，「龍安寺」的「枯山水」石庭花園，都各擅勝場，值得竟日一遊。

槍岳下來，又在乘鞍住了一夜，找了一家民宿洗了澡，又吃了一頓日本式的「盛宴」，換上觀光客的打扮。第十天，乘專車先駛「松本」，換上火車，就直衝着兩京而來。

近代的交通眞是一日千里，尤其在極端現代化的日本，交通更迅速、更方便。上午到了松本之後，在等車的時候，又匆匆下去觀光了一番——眞想不到這樣一個名不見經傳的地方，却也是高樓大厦，富麗繁華，尤其是火車站幾層樓連着商店的宏偉建築，令人激賞。

坐中央西線的火車，中午就到了「名古屋」，場面之大，高樓之多，街道（包括地下街）上之繁榮、整潔，自然更勝「松本」多多，實在令人驚嘆不已，但我們沒有時間逗留，就叫了計程車直至名古屋的第一名勝——「名古屋城」。

「名古屋城」建於一六一〇年，是日本的三大名城之一，形勢極爲壯觀。牆完全以巨石叠成，分外城和內城，兩城之間有廣場，內城之外有壕溝。高大的城門，以厚鐵板鉚成，進門以後，擡頭就可看到矗立在內城之上的「天守閣」。閣分五層，形式極爲堅實、高翹、華美；閣內却是現代的裝修，有電梯上下，陳列有許多本城的歷史文物。

這是我第一次看日本的古城，與我們的比起來，構造頗有不同：第一、這些城都不大，城內並無民家居住，與其說是一座古城，倒不如說是一座古堡。第二、這些城牆都用巨石叠成，而且略向內作七、八十度傾斜。第三、城上無垜。第四、城樓——天守閣的構造極爲花巧繁複，不似我們的莊嚴厚重，而且城樓本身就是一座古堡，應該就是居住和作戰的重心所在。這裡有一個很有趣的問題：城內無居民，是否表示不保護平民呢？或是日本古時階級嚴明，「町人」之類根本就不預聞征戰之事呢？參觀途中，大家想照一張團體相，一看旁邊有一排木櫈，就站上去了，誰知照完以後，旁邊却有一個日本人來收錢——也算是生財有道了。

由名古屋坐新幹線，下午四、五點鐘就到了大阪，準備第一天去「伊勢志摩」，第二、三天去「奈良」、「京都」。

大阪，是日本東京以外最重要的大都市，同樣的高樓林立、大厦如雲，地下街、地下鐵縱橫交錯，霓虹閃耀，行人如鯽，一片繁華耀眼……一個外來人，一出車站，眞是被搞得目迷五色、如痴如迷。

大阪古稱「難波」（到現在還有這個地名），中世紀稱爲「小坂」，明治三年才改爲「大阪」，設了造幣局和許多工業，尤其以紡織工業最著，使大阪成爲最重要的一個工商業大都市。昭和四十五年舉辦萬國博覽會，更一日千里的躍登國際大都市之林。

表面上看起來，大阪與東京沒有甚麼不同，但在傳統上和精神上，東京是一個政治的大都市，大阪却是一個商業的大都市。據說大阪人做生意，心狠手辣（其實在我們「外國人」看來，日本人沒有不心狠手辣的），所以「大阪商人」、「大阪商法」已成爲具有特別意義的日常語，就是見面語，最常用的就是「發財！」（我們常用的是「吃了飯沒有」！改爲「早！」「您好！」才是最近的事。）

這樣的一個商業大都市，所以觀光也以商業繁華地區爲主，如「大阪車站」、「梅田地下中心」、「阪急三番街」、「阪急東通」、「曾根崎中心商店街」、「曾根崎新生」等處。這些地方，幾乎就全部集中於車站、梅田一帶，地上、地下，難怪我們一出車站（實際是一入車站），但見燈火中萬頭攢動，實在令人眼花撩亂——像在東京一樣，我帶着地圖，花了三個夜晚，才把它搞出一個頭緒。至於風景名勝，主要的就祇有「大阪城」和「四天王寺」了。

這一夜，我們在高樓上一個川菜餐廳請了日本許多登山界的負責人，後來他們又回請我們。我們所有由臺灣帶來的禮品，包括在「桃園機場」每人一袋的三瓶洋酒、一條香煙，在酒酣耳熱之際都送出去了，我們每個人也換得薄薄的花花綠綠的一「包」禮品，回來打開一看，正是日本最常見的玩藝兒——一小塊紙板貼着的一個小小人型。

飯後，信步所至，由大街進入幾條縱橫交錯大街堂。燈光越來越耀眼，店面也越來越囂鬧，人却越來越「邪」了。

這裡滿街都是酒吧、料理店，也有電動玩具和痲將店，滿街鬧聲震天，虹光閃閃，成羣的都是東倒西歪、斜目斜口的人。更熱烈的是一個個在門口拉客的男人和女人，手裡拿着「1000」、「2000」的招牌，公然叫賣。也有些小西藥店和書店，賣的藥我不清楚，但書和畫報，却儘多是惡狀惡形的人體照片。更讓人吃驚的是，竟有不少賣淫具的商店——「交歡」、「媚藥」、「玉寶」、「香港SEX」、「慕情」等等，以及各種仿造的器具，眞是應有盡有。同時，就在一家噴着酒肉氣的料理店門口，一個滿頭亂髮、衣服襤褸的人，就坐在地上，啃着半個麵包；還有一個，就在巷尾翻倒着垃圾桶，一只鷹爪似的黑手，正抓着兩個爛掉的蘋果。

我走着走着，就在旁邊巷內，居然看到一間神社，這時正有三個矮壯的人走來，西裝搭在手腕上，向着掩着的神社拍着手行了禮，又向賽錢箱內「哐啷」丢了幾個銅板，反身就走入一條更小的巷裡，掀起了一間黑屋的短短門簾。接着又看到一白衣一黑衣兩個女孩走到神社內，就在石階上爬開兩腿坐了下來，尖聲的笑着叫着，顯然是喝醉了酒。

拖着身子回來，腦海內一直翻動着這些影像——日本究竟是怎樣的一個國家呀！

第二天是由大阪去伊勢志摩。

伊勢志摩也是國立公園，但比「富士」、「日光」要小的多了，也遜色多了，最主要的風景名勝是「伊勢神宮」和「二見浦」的夫婦岩、「鳥羽」的珍珠島。

天然風景是以伊勢灣爲主，登高展望，島嶼星羅棋布，海水天光一色，情景略如我們的「南方澳」、「基隆港」，但規模却大得多了，大有可觀。

伊勢神宮是一座很有名的神社，但看多了也就不以爲奇，這次就過門不入了。

「夫婦岩」是「二見浦」海濱以繩索相繫的兩塊大小相鄰的岩石，白浪碧波，朝朝暮暮，倒也是情人相携的一個好地方（爲有情人在這裡許一個願，應該也能有些靈驗吧！）。

眞珠、珍珠，是一個光燦耀眼的名字，也眞是一種光燦耀眼的寶物，它的生長，在過去祇是一個偶然，但自被日人「御木本秀吉」發展出「植核」養殖法以後，已可大量生產，甚至成爲一樁大企業，但光燦、圓潤、完整而又顆粒大的，仍屬極爲稀有的珍品，價値逾萬（美金）。

珍珠島是一座小小的海島，與港口有橋相連。島的面積不大，全面闢爲庭園、廣場、參觀臺、資料館、表演場和專賣店，在這裡我們看到御木本早年生活和研究養珠的一生事蹟；各種珍珠的標本和養殖的方法：由植核、採珠、剖珠、選珠到加工製作的整個實際操作（我們從來想不到「植核」——大概是一種貝類切磨出來像砂一樣的細粒——竟是這樣精巧、複雜而重要的工作；像手術用的夾子鉗子全套的精細工具，在少女纖纖五指之間，一剖、一撥，植入、覆蓋……據說一個不妥，不是貝體會死去，就是孕育不出珍珠），最後是到專賣場，在經過一連串的「感化」之後，沒有一個不掏腰包的。這裡確也是貨色多、花樣多，分櫃分類，各種品質（包括鑲嵌的金屬是金、銀、白金、K金等等）都標示得淸淸楚楚，實碼實價，就是貴一些，也叫人心甘情願（在這裡我們更可以看出日本人做生意的長處，和日本人經營觀光事業的方法）。

在參觀臺上正好可以看到海女採珠的表演。這些海女都相當健美，但已不再赤身露體了，都是白飄飄的長袍，挾着木桶，乘船而來，到了岸邊，卽翻身入水，上下碧波中，作潛水採珠狀，不管是否眞實，却十分生動引人。

四圍靑山環繞，海水碧綠平靜，豪華的乳白色遊覽船，載着人施施來往；海鷗翻飛，帆影點點，淸風徐來，倒也怡然可觀。

其實，眞正養珠的地方並不在珍珠島，這裡祇是觀光、更是宣傳的展覽、表演和賣出的場所，眞正養珠是在離「鳥羽」四十多公里的「芙虞灣」。就像我們養蚵一樣，港灣中儘是一列列的木排；小舟來往，海女出入……光御木本一家，每年出產的珍珠，就有一千萬顆以上。

在回程的車上，一面看着飛馳的景物，一面想着許多事，包括人家的研究精神，和人家經營

「觀光」的方法。

奈良市內有個奈良公園，前面講過的最著名的「興福寺」、「東大寺」以及「國立博物館」、「春日大社」，全部都在公園內。園的面積極廣，成百上千的鹿羣，到處自由自在的行走。「興福寺」和「東大寺」是一千兩百多年前奈良建都時受唐代影響最大的建築，一反日本奇巧矮小的情調，規模均極爲恢宏雄偉。這些經過在前面已經談過，心理上早已有所了解，但實際身歷其境，尤以仰望「東大寺」的幾座幾層樓高有如巨塔的大佛，寶相莊嚴，形勢雄偉，更令人肅然起敬。巨大暗紅的樑柱，穹窿高拱的屋頂；中國古代的歷史文化，能在異域放一異彩，陡覺有無限驕傲，但想到現在的「落寞」却又是一陣黯然！

「春日大社」是一座範圍甚大的神社，建築頗爲陳舊、散漫，到處有數不盡的石燈籠、銅燈籠，立着掛着，據說每年春秋兩季，萬燈齊燃，想像中自有一番盛況。

漫遊一遍，已費去大半天。回程匆匆走着，看綠地上的鹿羣，池邊的楊柳，反覺得悠閒也是一份福氣。

晚上又回到十里紅塵的大阪，在旅館十六樓的房間內，掏出剛在奈良買的銅製風鈴，一陣陣清脆的叮呤，不覺滿意的笑了——這大概是我除書以外，最鍾意的東西。

在大阪第四天是專車去京都。

這是日本最有名的歷史古都，未去以前，已多少有些了解，一如前述，但當遊覽車穿入市內

伊勢灣全景

德川幕府顯赫一時的京都二條城主殿全景

時，仍爲它的那份悠閒恬淡吃驚，尤其是大大小小的寺廟，幾乎到處都是，仍可以想像「桓武」初都時那份盛況。

車轉至「二條城」，未到以前，已可看到沿路的依依楊柳，到轉過街角時，陡見一城聳起，形勢儼然。四角碉樓高翹，牆外水滿長壕，主殿寬暢重複，長廊相接，室內紙幃彩繪，綠松如雲，遊人循廊一過，可聽自動播音說明，可看塑製的人物冠冕，時逾數百年，仍可想像德川幕府當時的顯赫權勢。屋外的庭院也相當廣闊，草坪、蒼松、奇石、垂柳、叠水成瀑、架木成橋，精巧中更富自然之趣。

其次是「金閣寺」，是京都最著名的名勝之一，但近看却甚陳舊。閣臨草塘，塘中有島，島上植松，閣後有船樓，下停一舟；人行道穿林依塘而過，漫步中可想像塘上搖舟遊島之趣，目前略見荒蕪，却更見清幽而饒古意。出口通道上，石板舖路，圍以綠垣，牆頭楓樹成蔭（這種楓葉細而濃密，是我們在臺灣從未見過的一種），想像中秋來必紅楓如霞，當更爲生色。

半山上的「清水寺」，景況却又不同。首見小店相鄰成街，曲折上延至山坡。小店多賣瓷器及織錦（高陣織），尤以瓷器，素以「清水燒」聞名，但多爲杯盤壺甕之類，古拙而略嫌粗糙；遍覓小玩物不得，却驚見江西景德鎭出品彩燒的「牧童騎牛」、「太公釣魚」及「八仙過海」人物數組，生動精緻，表情維妙維肖，實在是一種工藝聖品，不覺大爲高興，想不到這睽違已久的製瓷藝術，竟能繼續發揚光大；過去所見，多爲瓷器，現竟及於玩物擺飾，雖屬非賣品，但看看已屬難得了——遍看這麼多久享盛名的「清水燒」，竟無一可比呢！

接着是去「平安神宮」，鮮紅的近期建築，雖然以大著稱，但略嫌俗艷。意外的是它的庭園，竟大有可觀，綠水、長橋、廻廊、重閣、蒼松濃蔭之中，更見紅楓數樹（葉細碎而色殷紅），實在是典雅有致。日本庭園向以小而精緻見稱，但太小了總佈置不開，這裡却相當寬大而曲折，西北的「白虎池」與東北的「蒼龍池」，曲水相通，頗得廻應之勢。中苑的「臥龍橋」，採用飛石式，形式甚爲優美，隔橋相望，仍可見花木扶疏，亭臺不盡，更具幽遠之趣，據說這都是日本庭園名家小川活兵衞之作，確屬非凡。

京都幾乎整整花了一天，但還只能看這四、五處，異域過客，實在已不能多所要求了。

晚上又回到大阪，在「阪急三番街」一帶觀光至深夜。半夜寫稿，在長安與京都之間，仍常常想到臺灣，想到臺灣的人；有許多懷念，也有許多辛酸——眞是紙短情長，一切盡在楮墨之間。

廣場中的慰靈碑

無名死者的萬人塚

爆炸中心特別留下來的產業獎勵館殘骸。

廣島因果

大阪車站南側、東、西梅田、新御堂筋之間，是大阪最繁華的地區。不光是車站街、地下街上下幾層，縱橫交錯，地上也是大厦林立，如「阪急百貨」、「阪神百貨」、「富國生命」、「第一生命」、「新阪急大厦」、「新阪神大厦」、「梅田OS大飯店」等，都是十幾二十多層的大樓，都是造型優美，極現代化的建築。

譬如我們住的「梅田OS」，就是十八層純白色的大厦，線條簡單，造型明快；中間寬大的馬路，兩側人行道遍植銀杏及水銀燈，無論是白天、黑夜，均覺富麗優雅、氣派非凡（當然，如果稍爲深入的話，像我以前寫到的「花街」和露天神社，也就在「梅田OS」後面的巷衖內）。地下鐵這裡有「谷町線」、「御筋堂線」以及「四ッ橋線」，行人大都進入地下，交通既方便又迅速，地面上的車輛也因而大爲減少，車種也單純，更無公害又大又危險的摩托車，所以整個市容看起來又整潔又壯觀。

對於我們這樣的觀光客，吃，是一個相當大的問題，不光是貴，而且菜色既單調無味，份量更少。最簡單的「定食」如「天井」、「親子井」之類，都在八百圓（合臺幣一百三十多元）上下，喝的還是冰水一杯。如再加一兩片魚或肉，一片紅薯片、一撮沙拉、醃菜，和半碗米素湯，就是一千幾百、兩千圓。而且沿路團體活動時吃得太多，幾乎已是聞「定食」而色變。

這幾天自由活動時間較多，早晚都是自己解決，剛好同房的老劉帶了好幾包「生力麵」來，房間內也有自動的小電爐，所以每早的「生力麵」就吃得不亦樂乎，花費却祇要二十分之一，眞是得其所哉。

在大阪的「趕場」圓滿結束之後（還要再來的），按計劃是移師九州；一早大家就上了「新幹線」，直趨廣島。

廣島向有水鄉之稱，位於「太田三角洲」之上，市內有七條河流通過，所以到處是橋。在日本戰國時代，這裡是豪雄毛利輝雄屬地，曾築城，所以也是一個兵要之地。到近代更發展成侵略中韓及二次世界大戰的一個重要基地。

新幹線的高速火車，兩個小時就到了廣島。卽換遊覽車，逕往第一個觀光要點——「廣島平和公園」，也就是廣島挨第一個原子彈的爆炸點。

說眞的，自日本偷襲「珍珠港」到「硫磺島作戰」、「沖繩作戰」以至「本土決戰」的各種歷史、報導，讀了不少，甚至當時投彈慘烈爆炸的景況，也大概可以想像，却從來沒有想到今天能實際到這個地方來「觀光」。而且這番「觀光」，心情上並不好受——三十萬人一瞬間的生死，總多是無辜無奈的小市民；而日本人把這個地方列入「觀光」，其眞正的心態，我們也很難了解——向世界喊冤？還是眞正把自己作爲侵略的榜樣，展示在世人的面前？

「八月六日晨，天氣晴朗，氣候悶熱。八時測定敵機B—29兩架，以無線廣播發出警戒警報，據謂敵機之任務似在偵察。B—29兩架以高速度進入廣島市上空，因未預料將有轟炸，很多人並未進入防空壕，而在外仰視敵機。當見敵機一架投下降落傘之後，立卽發生令人目眩的强烈白色閃光，廣島市中央部之上空，卽發生大爆炸。時刻大概爲午前八時十五分。俄頃之間，半空突然捲起巨大的煙幕，廣島全市卽被烏黑的烟塵所掩蔽，隨卽發生幾百根火柱，瞬卽化爲焦熱地獄。

在日沒以前，完全被燒成廢墟的廣島，其景況之凄慘，實爲人類史上所僅見。在接近爆炸中心部份的人們，大部份死亡殆盡。全部人口之中，喪生者約七萬八千一百五十人，負傷及行踪不明者，計五萬一千四百零八人。建築物總數七萬六千三百二十七幢之中，全毀者約四萬八千幢，半毀者兩萬兩千一百七十八幢。總計罹難者一十七萬六千九百八十七人。」（服部卓四郎著《大東亞戰爭全史》）

這就是當時——公元一九四五年，昭和二十年——眞確的慘狀，現在遊覽小姐也大概正在向大家報告。

「平和紀念公園」是在公會堂前的一大片廣場，主要的建築有「紀念資料館」、「噴水池」、「長明燈」、「母子銅像」、「少女銅像」、「紀念碑」和「萬人塚」，以及當時留下的被七千度高溫燃剩的「產業獎勵館」的殘餘屋頂。

我們到了之後，立卽進入「資料館」參觀。展覽品有圖表、照片和刼餘的遺物，傷心慘目，令人不忍卒睹。

令人印象最爲深刻的，第一是半具灼焦屍體的照片。身上和臉上的皮肉燒焦結成一顆顆的黑痂，張口結舌，一幅嘶叫無聲的慘狀。

其次是一張寫實放大的彩色油畫，有兩個十五、六歲的女孩，剛被灼燒後，身上的衣服，破成一片片，掛在裸露的肢體上，兩手半伸，大概摸過自己的前胸，被燒掉的皮膚已熔成膠汁沾連在兩手的指掌上，竟成糊狀的向下滴淌着，而她們面部的表情，竟是一付茫然無知而又極端駭異的神情。

第三個是陳列的許多高熱過的實物，一疊瓷碗，竟被燒結成一團，其燬壞之烈，實在嚇人（初爆萬分之一秒時，高熱達三十萬度）。其餘如暴風灼熔的水泥橋，人貼在石階上留下的黑影，和爆炸兩小時一群披頭散髮、衣服像破片掛在身上的人，這些照片都眞切清晰的留下原子彈第一次爆炸時的慘痛狀況。

出口的門口，設有留言簿，我直覺的想留的是：

「這正是侵略者付出的代價！」但想到這些遭難者也都是像我們一樣的無辜者時，心裡又十分不忍。

眞的，廣大的人民，常常是哀哀無告的犧牲品，眞正該負責的是許多統治者、專制者、野心者、侵略者。

一九三九年（昭和十四年）德軍入侵波蘭，三日，英法同時向德宣戰，以歐洲戰場爲主的第二次世界大戰正式爆發。鄧寇克一戰後，納粹德軍獲得空前的勝利。六月十七日法國戰敗投降，德軍直逼英倫三島。

日本對它的這位西方同盟，大爲讚羨，一時「南進」之聲大起，陸軍省提出立刻進攻新加坡的計劃，參謀本部立卽派員分赴菲律賓、蘇門答臘、馬來亞、爪哇、新幾內亞等處，秘密偵察地形，蒐集情報，同時在參謀本部內成立「南方班」主持進行——這是日本繼「中日事變」——日本對中國第二次侵略戰爭開戰之後的另一個大野心。「趕巴士不要誤點！」這是當時最流行的口號。

爲了戰爭，對於戰爭物資的搜括，自是不遺餘力，但其中最缺乏的是石油。那時日本每年約需五百萬噸，但自己生產的還不到十分之一，因此看上了荷印。那時荷印的產油量，每年約達八百萬噸，正是日本的必需品。

在這種情況之下，正所謂「就是門板也擋不住」，如是先由最近的動手，一九四一年（昭和十六年）七月，在脅迫法國維琪政府同意之後（這時，越南尚爲法國屬地），正式進兵越南，美國立卽對日採取經濟制裁。

幾經談判，日本是吃了肉連骨頭也不吐的一羣軍閥當權，自然一絲也不肯退讓，譬如對中國問題，東鄉的底案是：「除華北察綏及海南島以外（注意，這就是對華北、察綏、海南島的永久統治，東北及臺灣自然更不在話下），二年內撤盡在中國之日軍」。卽此，日本參謀本部還堅決反對，終於將撤兵期限改爲二十五年。

這樣的談判，自然沒有結果，一九四一年（昭和十六年），十一月五日，「御前會議」正式決定對英美荷準備作戰；十二月八日偷襲珍珠港，如是全面的世界第二次大戰，正式爆發；如是美國終於在最後一刻，摔下了第一個原子彈。

這些人確實死得寃枉、死得慘，但在日本軍閥以及日本人殘忍的個性下，死得寃枉、死得慘的還是我們的同胞和韓國人民——而且人數更多、時間更長，甚至長到一百年。

日本對中韓兩國的侵略，前面已寫得很多，作爲一個中國人，我們始終無法忘懷這些：

「滿蒙之野，乃明治天皇遺業之地，爲我國作戰行動之要地……」（伊藤正德《軍閥興亡史》）。

「日本人以爲中國不可能會獨立的；中國人是敗亡的民族，是無法抵抗而始終卑屈着活下去的民族，這種想法一直繼續到「中日事變」。這可說是極大的誤認。明治以來，對大陸的侵略是

國民承認的；對中國的侵略，在內心是肯定的。」（昭和三十一年八月號《中央公論》）

「幾乎是手無寸鐵的朝鮮人民，與日本在六百一十八個地點發生了八百四十七起戰鬥。朝鮮的勇士被殺掉七千九百人。漢城、釜山、仁川等都市，工人罷工，商人罷市，日本以最殘酷的方法來實行鎭壓，有將全部住民鎖進教堂澆上煤油活活燒死的實例。」這是日本人在韓國一九一九年（大正八年）三月爲鎭壓韓人集會遊行的血腥史實之一，載於井上清的《日本近代史》。這一次是由韓人爲韓國李太王舉行葬禮所引起的，因道路紛傳李太王是被日本所毒殺，所以引起公憤。

「准尉『宮岡』和『野田』曾約定作一個砍殺一百敵人的比賽。十二月十日，兩人在『紫金山』下相見，彼此都拿着砍缺了口的軍刀。野田道：我殺了一百零五人，你的成績呢？宮岡答：我殺了一百零六人。如是，兩人同作狂笑：哈哈！」這是「南京大屠殺」史實之一，載於當時的東京《日日新聞》，爲隨軍記者親眼實錄，文名〈紫金山下〉。

「同月十八日夜間，復將我被囚『幕府山』的軍民五萬七千四百一十八人，以鉛絲紮綑，驅集『下關』草鞋峽，用機槍射殺，倒臥血泊中還能掙扎的都遭亂刀戮死，並把全部屍骸澆以煤油焚化。

對於婦女，更不分老幼孕婦都加以姦淫，甚至乘黑夜闖入『國際難民委員會』設立的安全區，摸索强姦」。「依據德國同事統計，强姦案有二萬件。我保守的估計認爲不下八千件，祇在

『金陵大學』一處，我知道全案細節者有一百件，有確實證據者達三百件。小至十一歲的女孩，老至五十三歲的婦人都被强姦；在校場上，十七個日軍在大白天輪姦一個女人……」

前段是經過調查確實，我國「戰犯法庭」對「谷壽夫」判決書中的一小部份；後段是英國《曼徹斯特報》記者「田伯烈」當時的報導。這是日本「南京大屠殺」的部份史實，這一次大屠殺，我們同胞死難三十萬。

在資料館入口，懸有日本漢字學家「土屋竹雨」所作的一首詩：

「怪光一線下蒼冥，忽然地震天日昏。一刹那間陵谷變，城市臺榭歸灰塵。此日死者三十萬，生者被創悲且呻。死生茫茫不可識，妻求其夫兒覓親。阿鼻叫喚動天地，陌頭血流屍横陳。殉職殞命非戰士，被害總是無辜民。廣陵慘禍未曾有，胡軍更襲崎陽津。二都荒凉鷄犬盡，壞牆墜瓦不見人。如是殘虐天所怒，驕暴更過狼虎秦。君不聞啾啾鬼哭夜達旦，殘郭雨暗飛青燐。」

對照一下，我們眞想也請土屋先生爲我們寫一首詩，看看究竟誰是「殘虐天所怒，驕暴過狼虎」呢？

廣場上有許多鴿子，有的成羣的飛來飛去，有的成羣的在地上跑來跑去。這些鴿子都自由自在，不會餓死，也不會被殺害——或許牠們是最幸福的吧——我一面想着，一面照相，這時剛好有兩個小孩跑來，胖嘟嘟的，一個蹲下來餵鴿子，一個歪歪倒倒趕着一陣陣的鴿子飛。這是一個很好的鏡頭，但誰知道他們長大以後是怎樣的呢？

漫步的細看這些「水池」、「銅像」、「紀念碑」、「萬人塚」，心頭一直是沉甸甸的。在那座少女的銅像前，我看到堆有許多紅白的花環，細看這些花環，原來是由小小的，許許多多紙摺的千羽鶴一個套一個連接而成的，據說是許多小學許許多多的小學生所摺疊獻贈的，是表示對「永久和平」的嚮往和祈求。看了這些，我腦海中就浮起了成羣的日本小學生的影子。白軟帽、白短褲、白短裙，胖嘟嘟的身裁、胖嘟嘟的臉，健康、天眞、活潑（他們戴眼鏡的已經很少了），人見人愛。

但我們知道，光這樣是不够的，祈望和平祇是理念上的認知，必須還有實際的作爲：强化民主政制，强化新聞自由，平均所得，保持個人清明的頭腦，保持充分自衞的武力，祇有這樣，才有把握，才有希望——和平不祇是象徵的鴿子，必須每個人有這份信念，有這份實行的決心。

這次的導遊是一位奧巴桑型的中年小姐，嘴快話多，一直喋喋不休的說着廣島被炸的委曲，和廣島快速復興的驕傲，直到了旅館之後，耳根才恢復了清靜。

晚餐是自己吃自己的，逛到超級市場，買了一袋白桃，一袋炸紅薯片，一袋肉乾，就一面吃着走着。寬闊的街道，繁華的火車站，燈火通明，氣氛寧靜。廣島的恢復，實在是值得日本人誇耀的奇蹟。

走過橋頭，看了一會釣魚，又迷了一會路，經過一間黑漆漆的神社，心裡也是毛毛的……我們中國可以說毫無虧於廣島，但也希望這是原子彈最後一次的爆炸。

回首展望，蒼松下塔簷重疊，確是不俗。

矗立在宮島海濱的大鳥居，十分引人注目。

長一〇六八公尺的關門大橋，氣勢雄偉。

宮島、秋芳、關門、熊本

由廣島專車出發，我們繼續向西（西南）。

昨天下午，曾去了一趟「宮島」。這個島位於廣島的西南面，隔瀨戶內海與廣島遙遙相望。島的面積不大，中有「彌山」隆起如脊，樹木蒼蔚，遠看就像一粒綠色的珍珠貝，浮在冥冥的大海上。這樣的一座小島，在日本可以說數不勝數，可是它與山陰的「天橋立」、仙臺的「松島」，却同稱爲「日本三景」，說是最著名的風景名勝，我想這應該是得力於後天的匠心經營。

「宮島」古稱「嚴島」，一直是被視爲「神祇之島」，到現在還不准在島上生產或營葬（日本人在這些地方有些是「不自由」的——這麼好的風水，人民却不能去搶着葬、擠着葬，一定會妨碍人民後代的「發達」的），以保持島的「神聖性」，直接的是維護了全島的自然景觀。島上海邊到處都是神社，但以「嚴島神社」和大鳥居（牌坊）爲最大、最突出、最具有特色。

以「彌山」的滿山青翠爲背景，「嚴島神社」，和大鳥居均以鮮紅爲主色，除青灰的屋頂以外，紅樑、紅柱、紅欄杆，與綠色的山、碧藍的水適成强烈的對比，遠觀近看，均十分出色。

神社和牌坊，更臨水建造——不，實在是半建在海中，潮起潮落，若即若離，水聲潺潺，自另有情趣。而且，牌坊蓋得極爲高大（高十六公尺，寬二十三尺），矗立水上，隔海即可望見，使成爲「宮島」最大的標示。「嚴島神社」更蓋得極大極曲折，本殿、幣殿、拜殿、祓殿、平舞臺、高舞臺、樂房、長橋、反橋，重複而繁富，尤以曲折的長橋和廻廊，盤折如帶，廻環相通，紅欄朱楹，水光山色，實在是一絕。

這裡與廣島有輪渡相通，極爲方便，我們上岸以後，很快的就走入這一片青松紅廊之中，倒影盈盈，水聲陣陣，身心耳目都一齊溶於風景了。

最佳的畫面，是在曲折的廻廊上，隔著成排的大燈籠，遠望海中的紅色大牌坊，襯著對面的綿延青山，水天一色，紅綠相映，實在是人天相契的一處勝景。

穿過神社，看了十分樸素的「民俗館」，順便看了兩個小庭園。這一切都小巧、自然、精緻，實在令人嘆爲觀止。尤其是其中的一家是以池魚爲主，在流動的清水中養著十數條錦鯉，池邊修竹數竿，青石斑斕，光影之中，那種碧藍、那種清澈、那種生動、那種鮮艷，眞是不知道他們是怎樣搞出來的——不知道——究竟是魚好、還是水好？

遊覽車由廣島直上「中國高速公路」，快速西駛。這一帶的人口，已不似東京、大阪的密集，路上的車子也較少。據說這還是一條新開不久的路，建築宏偉，景觀甚佳。路兩邊的山坡上下，也有許多別墅式的房子，這些房子看多了，我有一個感覺，覺得像拍電影搭的佈景，色彩鮮明，花式繁多，精巧有餘，却絕不似大陸或臺灣早年村居、大厝的那種厚實穩重。

但很難得的是，他們幾乎每一棟住宅，都有一塊庭園，儘管祇小到三坪（一坪約三十六方呎）、五坪，也多是山石、花樹、水池、小徑，佈置得幽雅有致。房屋大都沒有圍牆，就是有圍牆也不到半人高，花木四放，牆不設門，從小處說，是個人的一種生活趣味，從整個來看，就形成一種十分優美的景觀和趣味高尚的品質。我們幾乎走過了半個日本，在鄉村中幾乎沒有看到一所像我們臺北觸眼皆是的粗糙的水泥公寓，祇有在東京、大阪的邊緣，有不多的幾棟，其餘仍是充滿人性的這種別墅式的木造建築。

看着看着，我忽然覺得，這是否就是一個人爲充實自我、發展自我的一種表現呢？火柴盒似的水泥公寓的生活，幾乎都是千篇一律的，加上密密的鐵柵，人十足的就像住在籠子內的猢猻，稱龍稱鳳，總有份被牢籠的悲哀。但他們這種「自由」和「放任」（多麼令人嚮往的「自由」和「放任」），究竟還能維持到幾時呢？他們以及他們的政府，能否有這份智慧，抵擋公寓和公寓生活的惡性膨脹？

這條路十分「現代化」，收費已改用電腦，司機在入口處拿張電腦卡片，在出口處交給管理人放入機器，電腦卽顯出應收的費用。最好的是，這樣可以在很遠一段距離，幾十或上百公里計費一次，實在簡單許多。

其實，電腦在地下鐵的賣票和出入口上用得更多，在東京、大阪的時候，我們初次用它還出了不少岔。大概還是在「新宿探險」的第一、二晚，我手上沒有零錢，就照說明把一千圓的日幣放進換錢口內，它很快的捲進去了，却又很快的退了出來，我研究了一下，就把捲着的一只紙角捲平了，它才滿意的放了錢出來。聽說不光是折角，任何有點異樣，譬如破成兩半中間貼了膠帶，它也不換給你。

又有一次，夜已很深了，站上幾乎沒有人，我送了一千圓進去，它吞下去了却不付錢，我一時心都涼了，但腦筋還清楚，一研究原來是剛過了時間，幸虧我知道機器後面還是有人守着的，就對着窗口大叫，很快的，人眞的出來，問明了就「手動」的把錢換出來了。

出入口用的電腦也很好玩：進去時，在一架票櫃的投入口投入票卡，走進三步，隨手就可在同一票櫃的出票口，檢回已驗印過的票，兩扇半升門，就保持繼續敞開，讓人通過；出口時，就祇投入，而不放出，驗票相符，門仍是打開的，人就可以從容的走出去。有一次同隊中有一位仁兄，慌張中沒有投入票卡，人跨三步，剛到門口，兩扇門陡然咔嗒一聲，已卽時關上，把人擋在內面，同時警鈴大響，管理員也走了出來，一時「十目所視」，眞是尷尬。

一路上，隧道很多、橋樑也很多，車流暢平穩的行駛着，人靠在軟軟的沙發椅上，看遠看近，思前想後，倒也怡然自得，祇是隨車導遊的「阿巴桑」，却把人煩死了，她的話又多，調子又高，拉着麥克風，像機關槍似的，講這講那，就像鋼鋸鋸着鐵板，嘎嘎不絕；實在受不了，就祇有用兩團紙把耳朶塞了起來，可惜隔音效果欠佳，蚊子的聲音，還是聲聲入耳。

「秋芳洞」是這裡最著名的一處風景。與我們的「墾丁」構造相同，也是一個石灰岩的鐘乳洞，地下水冲蝕成河，深邃的洞內，由鈣質的溶液，積百萬年滴成各種各樣的巨大鐘乳石，山水器物，維妙維肖。很少見的是，這個洞又高大、又寬闊、又長，據說竟長逾十公里。

聽女導遊說，這種規模大的洞，在全世界有三個，美國的是第一，大陸的是第二，而這個日本的是「世界第三」(日本最喜歡把他們的東西和人家比，號稱世界第×，是他們最得意的事)。

洞內眞的流水成河，但覺淸風陣陣，一片凉氣撲人。洞的鐘乳石極多，如筍、如鐘、如柱、如瓔珞，各各均有名字，最著名、最奇的是「千枚皿」和「黃金柱」。

所謂「千枚皿」，就是重叠成許多層、寬逾二、三公尺像圓盤一樣的鐘乳石。它眞的就像各種渾圓的大盤，層層的叠在一起，看起來總有十多層，叠成梯田一樣，各層邊緣還有流動的鐘乳岩，就像蠟油由蠟燭盤內流出來一樣，均勻細緻，十分精巧。

「黃金柱」就是一段高達十幾二十公尺的鐘乳柱，層層的岩流，積成表層一縷縷的直紋，就像是彫刻一樣的，整個渾圓而又雄壯。除此以外，另有許多精美的鐘乳，也相當神奇，祇可惜燈光太暗，氣氛也欠經營，尤其是每一堆岩石上都掛上名牌，十分碍眼，以日本人的功力，是不應該有這個敗筆的。

「秋芳洞」實際開放的祇有一公里多，由後面出來，就是「秋吉臺」。這是一片丘陵臺地，有許多石灰岩露頭，滿山纍纍，很像我國的亂葬崗，並不見佳。

遊覽車又上了高速公路，我們的女車掌留聲機又打開了，嘰嘰嘈嘈，就是不停不休。後來她說要唱歌，唱的不錯，又是大家都熟悉的日本歌，大家跟着起閧，大聲鼓掌叫好。她老人家更有精神了，再唱，並配以音樂帶。大家興緻更高了，不光是隨聲打拍子，更有的大聲唱和起來。後來更由她的邀請，我們的同胞也就開始唱日本歌了；而且唱了一條又一條，已經熱烈得聞不到一點中國人的味了。

一般來說，中國人的團，嚮導應該說中國話，就是臺灣來的團，也應該說臺灣話——我不相信，到臺灣來的外國人觀光團，我們會派只說中國話的嚮導。同樣的，我也不相信到日本的美國人觀光團，日本人會派只說日本話的嚮導——但因爲這個隊不是我領導的，我也就不好說甚麼。現在搞成這種一派「皇民化」的場面，我實在忍不住了，我們縱然無心，日本人會怎麼想？我不反對唱外國歌，可是不該光唱外國歌。

我正在考慮怎麼做時，這時曹老師講話了，她說她要唱中國歌——李白的「洛城聞笛」。曹老師是「中山女高」三年級的專任國文老師，敦厚人圓和，却也很有原則。她這首歌也確實唱得很好，我把手都拍紅了，可是，曲高和寡，應和的居然不多。我是從來不在這種公衆場合唱歌的，但這時自動的接着說了一些話，更跟着唱了一首最古老的歌——「漁翁樂陶然」。最後再說：「希望大家接着多多唱中國歌，包括臺灣歌。」大家這時才有些感覺了，開始有人唱臺灣歌。

「中國高速公路」的終點，也就是日本本州的終點，「關門大橋」。過橋以後就是九州，橋那頭是「門司港」，橋這頭是「下關」。

「關門大橋」完成於昭和四十八年（一九七三），長一〇六八公尺，是四線大道的汽車專用吊橋。工程最大的還是海底隧道，由下關的「壇浦」到門司的「和布刈」，總長逾三千四百公尺。隧道分爲上下兩層，上層走汽車，下層是人行道。另外還有新幹線專用的新關門隧道和國鐵用的關門隧道。

車到「關門大橋」時，並看不到海底的隧道，觸眼就是架在半空中的這條海上的大吊橋。橋頭的鋼架下面是廣大的停車場，站在停車場邊，擡頭幾乎看不到橋頂；青天白雲下閃閃發光的鋼纜鋼架，一片非凡的氣派。橋下面是「門司港」，水碧山青，巨輪來往，還有些舊日國際大港的海上風光。

過橋以後，即接上「九州高速公路」，四、五點已抵「熊本」。

「熊本」地方不大，却也是一座歷史的名城，尤其是「熊本城」，與「名古屋城」、「大阪城」，一向並稱爲日本三大名城，很值得一看。原來的「熊本城」，在明治初期的「西南之役」，大半被燬，一九六〇年再建，即已全復舊觀。寫到這裡，我總覺得人家搞觀光、談維護古蹟，確是有一套「大有爲」的作法，事實上，日本很多的寺廟、古城、古物，都是修後又毀，毀後又修，但絕對是儘量照原樣恢復，維持舊觀，否則不是維護，根本就是在毀壞——是最不該的一種徹底毀壞。

車抵市區，一看市面倒也不壞，但此時車上却傳來那位女嚮導的警告，說晚上出來要小心，「不要走近旅館的河邊！」

安頓好了之後，仍坦然上街（當然會避免去對面的河邊）。究竟這是一個偌大的城市，大街上——「下通商店街」、「上通商店街」，雖也是熱鬧堂皇，燈火輝煌，但一般的街道，却僻靜疏落得多，甚至在街道上設有理髮店，這倒是第一遭看到。

入夜，八點以後，店面大都關門了，但燈光仍是通明，大街上行人也多；一看開着的却已經只剩了酒吧、飲食店和一切色情的行當了。這些場所的門口，這時都有三三兩兩惡形惡狀的男人，叫着、嚷着、比劃着，祇差點動手動脚，不覺心頭火起。

在東京、大阪的夜晚，我曾看過許多色情冶遊的一面，但像在這樣堂堂的大街上，竟這麼多家、這麼多拉客的人，倒還是第一次經歷——日本人眞的是這麼邪淫的一羣嗎？這種邪惡的行爲能與人格心性無關嗎？如何爲他們的國民道德定位？走過霓虹閃閃的街道，我又問了自己一個老問題：日本是怎樣的一個國家呀？

天色已晚，到的時候沒有去成「熊本城」；第二天一早，趁出發前一段時間，一個人還是找去了。石牆廻環，天閣重叠，老樹成蔭，蒼蒼頗有古意，尤其是互爲犄角的三座「天守閣」，頗爲少見，氣勢確是不凡。

後來專車又經過了「水前寺」。除了神社和寺廟以外，這是以水池為主的一座中等庭園，草坪、青松、苔石、小徑，光影粼粼中，遊魚悠悠來往，頗有可觀。旁有草廬數間，臨池小坐，也是清福，可惜又要匆匆的走了——前面是「阿蘇火山」和「別府溫泉」。

另一名城，原為豐臣秀吉所建的大阪城。

這種型態的店肆裝潢和消費形式，
我們早已學到了，其餘的呢？遊罷日
本，我們眞該想想了！

神戶港

公元五九三年聖德太子所建的四天王寺

大阪城神社

神戶山會、大阪失樂園

日本是一個島國，三十七萬平方公里的土地上，沒有任何重要的自然資源。可是今天日本卻是世界上的一個「經濟大國」，甚至是一個「科技大國」；同樣的，在體育上、在登山活動上，也是一個極有成就的國家。

以海外登山而言，早在一九三六年，日本就曾進軍喜馬拉雅山區、六八六七公尺的南達柯特山。戰後更蓬勃發展，一九六二年竟有十個隊進出這個世界屋脊地區，近年更狂熱的從事我國大陸許多高山地區的攀登活動。

我們這次的訪日登山活動，在上高地、槍岳一帶山區中，更目睹他們登山、露營的活動盛況——數不清的隊、數不清的人，整齊鮮明的服裝、沉重龐大的背包、有紀律的行動、列隊進行的行列，尤其是年輕女生之多，揹負之重，在青山、密林、碧水、雪溪之間，給人的印象，極為深刻。

現在是回國的前一天，我們由熊本經阿蘇火山，自別府乘船走瀨戶內海到神戶，當承「兵庫縣山岳連盟」的理事長中川崎泰男（身體高而健壯，總在一七六公分以上，這是在日本少有的「高才」）及脇鐵雄、岡田政子、與川端花子諸位先生小姐的接待，即進行訪問參觀活動—這是一個難得的機會，讓我們對日本的基層登山組織，有一個實際的觀察。

「兵庫縣山岳連盟」的會址，設在神戶市灘區王子町一丁目「王子公園」內，佔地八百六十多平方公尺，三層建築，總面積達一六八坪。室內設有會客室、辦公室、圖書室、會議室、教室等，除了作爲一般行政、集會之用以外，更是「神戶登山研修所」的所在地。

屋外最引人注目的是後牆特別設立的人工岩壁，高約十八公尺、寬十公尺，作七十度傾斜，分成難、易兩條攀登路徑，可作各種攀登練習，中間並設有指導員位置，便於教練人員的監視和指示。

室內圖片齊全，並有教練模型；最引起我興趣的是圖書刊物，不祇《山與溪谷》和《岳人》都是全套，各種單行本達數百冊，甚至有小山博等人分編的《山的文學全集》（三笠書房出版），竟達十二巨冊之多；深田久彌個人的專集（朝日新聞出版），也達十二冊。

中川理事長等人向大家作了生動的介紹，岡田先生看我十分有興趣，特別帶我在人工岩壁上下跑了一趟。

在行政作業上，我特別注意「山難」的處理；根據一份書面說明的要點，他們的觀點和對策，大致和我們相同：

㈠不贊成單獨或無組織的登山活動；

㈡登山計劃儘量求其綿密：

1.領隊人選必須富於經驗、體力、技術和判斷力；

2.隊員視精神、健康狀態、特長分別編配；

3.選定適合的目標；

4.糧食着重營養、消化、重量和貯藏的方便、持久；

5.視目標及登山方式、行程，選定裝備，並特別注意醫藥用品及雨具；

6.目標地區的確切了解；

7.參加運動安全協會（スポーツ安全協會）的傷害保險；

㈢山的狀況調查，包括緊急時的避難地點，山小屋、國立公園、私有林地設施的利用，以及管理人、設備等利用時應注意的事項。

這裡面的「安全保險」，我一時尚無法完全了解，也是我們在臺灣尚待倡導與推行的一個項目，特別引起我的注意。

當時，我就地擬了十個主要的問題，準備在座談會中即席「請教」，可惜，那天還有另外一個節目—最後一天的「採購」，直延到晚上在大阪、我由「大阪古城」和「四天王寺」回來，才由脇鐵雄先生答覆了這些問題。

問：在日本組織登山會之類的團體有甚麼限制？是否需要向政府主管申請登記核准？

答：完全沒有甚麼限制，也不必經過登記、核准。

問：會員如何徵集？有甚麼權利和義務？

答：完全是「有志一仝」的憑興趣參加，有繳費的義務和參加活動的權利；會費一般每月是日幣五百圓（合臺幣約八十元），每年另有年會費用約二千圓（約合臺幣三百三十元），團體會員是日幣二萬圓。

問：負責人是否由選舉產生？有無任期限制？

答：都是由選舉產生；一般是每兩年選舉一次，連選得連任。

問：「山會」有甚麼組織、訓練活動？

答：一般都定期出版「山岳會報」，每月一次，訓練活動是視需要不定期舉行，常常是小規模的由各隊自行辦理。

問：有關山岳活動的報導和著作在何處發表？與報紙的關係如何？

答：山岳報導和著作，多在專門雜誌如《山與溪谷》、《岳人》上發表；遇有重大新聞，如海外登山等等，報紙也全面而熱烈的報導。

問：健行登山與技術登山比例孰重？是否特別重視技術登山？

答：不，一般的健行登山活動，仍高在百分之八十以上，技術性的登山活動，只佔百分之二十左右。

問：一般人如何參加登山活動？

答：除有組織的登山活動以外，最多的還是看報臨時參加的。

問：「山難」事故發生以後，如何進行援救？如何動員？

答：首先是由遇難人所屬的單位自行救助，重大事故卽層報上級處理。

問：臺灣的「山難」事故，尤其是大規模的「山難」事故，均賴軍警單位參加，日本是否也是一樣？

答：也是一樣。

問：救難活動的費用如何籌措，是否由遇難人或遇難人的家屬負擔？

答：參加登山組織的人，都參加「安全保險」，遇有事故發生時，其費用大都由保險公司支付。

要探討的當然很多，但由上面問答的內容看來，可以說登山活動的基本組織和方式，大都是相同的；惟一的是「安全保險」這一項，是我們過去未曾認眞進行；雖有人進行，卻尚無結果。現在正好給我們一個啓示：這是一個好的制度，我們應該努力推動，求其實現。

我們這次的訪日登山活動，是以「中華山協美鹿隊」的名義進行的，領隊林先生費心、費力甚至費口舌（擔任翻譯），使此行得以圓滿完成；而日本這些接待我們的人，都是林先生的老友，由於他們的協助，使此行更爲順利，也更具有意義，在此一併致謝！

日本的山壯麗無儔，道路及山莊設備又很完善，希望下次能專門來登山—團體的或個人的，走完日本北阿爾卑斯與南阿爾卑斯中三千公尺以上的高山。

遊覽阿蘇火山是昨天最重要的活動，一早由熊本出發，九點多鐘就到了山頂。

阿蘇火山是太古時代由瀨戶內海阿蘇水道中央爆發而成的一座火山，它前後共爆發了三次，以第二次最爲激烈，熔岩曾遠及七十至一百公里，死傷人口無數。到現在還一直在活動的火口尚有「中岳」，和中岳東邊的「高岳」、「根子岳」，西邊的「杵島岳」及南邊的「烏帽子岳」，是爲「阿蘇五岳」。「中岳」的噴火口有五個，最大的是「第一火口」，直徑達六百公尺，深逾一百二、三十公尺，一九五八年六月還曾大爆發一次，毀損了許多設備，也傷了不少人。它的爆發是週期的；所以每逢爆發的時候，都禁止上山。

「中岳」的西南坡下，設有「阿蘇火山博物館」，附近有阿蘇登山公路的阿蘇西站，由這裡乘纜車可直上火口西站。沿火口壁有一條人行道，放眼下望，就是眞正有如熾熱地獄的噴火口；一會烟霧洶湧撲人，一會霧散露出呈紅黃斑剝的圓孔，和孔內滾動着高達千度的赤色熔岩，甚至吼吼作聲，情景實在懾人。在這裡也可西望「草千里濱」，這是「烏帽子岳」與「杵島岳」之間一片廣大的盆地，原是一片火山岩礫的高原，一如我們臺北附近的「擎天崗」、「石梯嶺」一帶一樣，現在已是一片大草原；青翠柔軟，牛羣徜徉，與焦黑赤紅的火山比起來，又是另一番情景。

我們上到山頂時，一直是大霧迷漫，夾着毛毛細雨；偶然一陣風起，就可看到一片片浮現的草生地，明媚清新，令人驚喜，但瞬又霧氣四合，一片白茫茫了。

無奈之下，就先到「火山博物館」去參觀。

這座特殊的博物館，規模相當大，展覽的資料也很完備，由一般的地層探鑽、岩石分類、火山構造、火山爆發的原因、歷史和爆發的景象，到現在阿蘇附近衍生的動物、植物、昆蟲等等，都以標本、實物、照片、幻燈、電視、電影，作多媒體的生動而深入的介紹，尤其是火山爆發的實況與阿蘇四季景物的變化，以五幕相連一百七十度的大銀幕放映出來，配以立體聲響，眞是驚天動地，比親身經歷還要感人。

天氣一直不好，下面的活動不便更改祇有乘車一路下來，直到瀨戶內海航運的起點—別府。

別府一稱「泉都」，也就是「溫泉之都」。日本是一個火山國，以溫泉著稱，而別府溫泉之多，更居日本之冠。到了這裡，我們告別了遊覽車和那位遊覽小姐（謝天謝地，總算耳根又清靜了），時間還多，就去遊覽各種各樣的溫泉。

這種溫泉都起了些嚇死人的名字，如：「血池地獄」、「龍捲地獄」、「山地獄」、「海地獄」、「鬼地獄」之類，以示溫泉氣勢之壯，並以招徠遊客。每一家溫泉都附設有些花園、熱帶植物、動物甚至專以最大最多的鱷魚為號召，也有一家種了一池大鬼蓮，還有一家是河馬，另有一家是以間歇性的噴泉為主。每一家都要收錢，看看也就完了。

還有一座專養猴子的「高崎山」，大大小小（據說多達一千六百隻）的猴子，三三兩兩，成羣結隊的爬上爬下，打架、鬥嘴、搶東西吃，幾乎與一羣遊手好閒、惹事生非的玩童混混無異，可是細心一看，仍有一些令人會心的事：

第一，我們可以明顯的看到，幾乎所有的小猴子，都是在親情的保護之下。每一個小猴子，經常是在一個大猴子（母親？）或兩個大猴子（雙親？）的注視或懷抱之中，它們窩在懷內，揹在背上，吊在脖子下，大猴子幾乎讓它為所欲為，但一有外來的「危險」或「干擾」，大猴子立即抱住小猴子，迅速走避。它們彼此裂嘴眥目，聲聲叫喚，音調雖然尖銳刺耳，但那份情感却是眞切無私的。

第二，如果更細心一點，可以看出它們的領袖「制度」。這一羣成千上百的猴子，本來在各搞各的，跑着鬧着，可是當兩、三個管理人在地上撒下一大片米穀時，起先是一陣騷亂，但迅卽有一個毛色又黑、身體又壯的大猴子一躍登上一截最高的木樁，屁股一翹，目無餘子的就低頭吃了起來；其餘所有的大大小小的猴子，立卽停止了爭執，就是原來在較短的木樁上的猴子，立卽跳了下來，全部俯首貼耳，也就地各自吃了起來。

在這種「天下翕服」的一刹那間，想不到就在猴王所在的那段最高的木樁下，竟有一只還爬在母背上的小猴子，正仰起頭來注視着高高在上的猴王，一付精靈而又好奇的樣子。我笑着拍下了這個鏡頭，轉身走開時，還一直在想：牠想的一定是「大丈夫當如是也」！或是「彼可取而代之」。

四、五點鐘的時候，大家都上了關西汽船。這是一條三千噸級的豪華客輪，漆成上白下綠的顏色，相當漂亮。開航的時候，送行的人很多，冉冉牽掛着的彩色紙帶，牽連着許多人的別緒離情；一再喊着的「再見，再見」聲却把我引到天水之外……我的表情仍是木然的─橫豎這也不是我的國土，也沒有我愛、我親的人─默算歸期已近，心底自有一番欣喜。

晚飯之後，到甲板上散步遠望，看兩岸青山、看船身劃開的碧波雪浪，我總想到那一次花蓮輪之行，竟是那樣隱秘而不羈的一夜─情景重叠，令人又黯然又懷想。

黃昏消逝，山水已一片幽黑，但兩岸還是一片片星火，海面也有漁船來往的燈光……這是寧靜而又波濤流瀉的一夜，就在輪船的一角，我繼續寫着我寫不完的千言萬語，直到小李在一、兩點鐘找到我─他說，他們躭心着以爲我失踪落海了呢！

清晨，船走完了瀨戶內海，到了神戶，訪問了「山會」之後，大夥採購一番，就回到了大阪。明天就要回國了，心中自是高興，但「大阪城」和「四天王寺」還沒有去，所以在旅館門口向老劉交代了一聲，就匆匆走進了地下鐵。

「大阪城」確不愧是一座著名的古城，範圍廣大，氣勢雄偉（同樣的，日本的城大概是專以保護武士或將軍、貴族爲主，城內沒有平民居住的「遺跡」。），但大概大阪是以商爲重心，這裡並沒有着意經營，沿着高大的城牆走，樹蔭中看石垣上籐蔓披拂，護城河流水泛綠，却眞的有幾分蒼涼古意。

接着去「四天王寺」。地下鐵多坐了一站，先誤去了「天王寺公園」，却吃驚地發現了這裡居然是流浪漢的大本營。

一走進門口，就看到樹林深處，隔着鐵絲網，有幾個人正在攤開的破帆布、或是舖着報紙的泥地上在睡覺，光着膀膊大腿，堆着一堆破亂，髮亂如草，皮膚汚垢，情況很是凄慘。我正想偷拍一張照片時，一個毛胍的中年男子站起來，開始顫巍巍的穿着短褲……我拍了之後，不敢再留。

再向前面走，却發現了幾乎到處都是這種鏡頭。水池邊、涼亭內、山坡上、大樹下、或躺、或臥、或走、或坐，襤褸的衣服，半敞着的上身或下身，大多數都是行動遲緩或是茫無表情的呆在那裡。人數總在一百以上，而且，在一棵大樹的後面，我還看到一個三十多歲的女人，身邊堆着大包小包，滿臉疲憊和無奈。

我不敢再逗留了，匆匆的走過，地上更儘是垃圾、罐頭、破報紙—日本被我們所一致稱道的整齊、清潔、人民的公德、政府的法制、管理，在這裡一切都沒有了。

再轉到「四天王寺」，這也是一座有歷史的大廟，奇怪的也居然無甚管理，外面也有許多這樣流落的人，不同的是，他們每個人都有一部車子，脚踏車或四輪木板車，他們的破亂家當就都堆在車上，有的在樹下低頭呆坐着，有的推着車遲緩的四處走動。

由灰塵撲撲的庭院，我轉向大廟的正門，但我已沒有心情再進去了，一直轉車回到了大阪車站。

「阪急三番街」仍是燈紅酒綠，多重瀑布流泉的街道，仍是豪華、典雅，無限旖旎……這是返臺的前夕，這不是我的國家，也沒有我關愛的人，我並不留戀，但在歷史之外，親眼目睹之後，我們總忍不住有許多驚奇和驚異。

走到「梅田地下街」那個錯綜複雜的岔路口，正在照最後的幾張照片時忽然背後有人問：「李先生，這裡怎麼走出去呀？」聲音文靜而熟悉，回頭一看，原來却是曹老師，圓圓敦敦的臉，帶著一些無可奈何的笑意。我不由的也笑了起來，「好，我來試試看。」

最後的一天，我們一早都到了「大阪機場」，日本的這些登山朋友，大阪的、神戶的都到機場來送行，最後並送了我們每人一片紫菜，「禮輕仁義重」，我們眞是很感謝。

出境檢查很嚴格，比我們的「桃園機場」嚴格多了，連我們穿的厚底登山鞋都要脫下來檢查一番。想到最近流行的劫機，也不好抱怨了。

飛機很平穩的飛着，穿過陸地，很快的到了海上，碧水悠悠，白雲冉冉，我關念的人和土地，眼看就在海那邊。

曹老師剛好坐在隔壁不遠，我們又談起了她昨天迷路的故事，大家笑了一陣：她嘆着氣說：

「地下街實在太複雜了！」

「其實日本也就是這樣複雜的一個國家。」

「怎麼說呢？」

「我這次到日本，事前曾讀了許多書，在日本也盡量去多看了一些地方……」

「所以在旅館內總找不到你。」

「可是我還是不敢說有甚麼『科學性』的結論，但確實印證了一些『理論』，日本是一個複雜、新舊並陳而又各趨極端的民族，譬如聖德太子吸收了隋朝文化而發展成『飛鳥文化』；如孝德天皇吸收了盛唐文化而發展成『大化革新』與『平安文化』—這我們在遊覽奈良、京都時，已可概見—德川時代由尊奉儒家思想而發展成『尊王攘夷』、『萬世一系』以至『日本皇室為萬世之中心』，終於發展成對中、韓兩國百年的侵略以及毀滅性的二次大戰；即現在競為大家所樂道的忠誠、服從和團隊精神，也可說是植基於忠君思想。明治時代大量吸收了西方文明，而成就了『明治維新』。」

「二次大戰後大量吸收了美國的科技，而又發展成了『經濟超強』，如今更直逼美國這個工業科技王國。他不但毫不猶豫的接受新的、發展新的，也同樣熱忱的保留舊的、發展舊的，如花道、茶道、劍道、棋道等等——『櫻花與劍』，正是這兩個極端的象徵。在生活方式上，我們這次也看到了很多，譬如他們鄉下的住宅，仍是木造的獨門獨院，大都市則盡是摩天大樓；他們上午上班時西裝畢挺、道貌岸然，下班以後以至深夜，卻是留連酒肆、恣意忘形；他們的出版社出版了大套大套精美絕倫的文庫、畫册及數不清的科技、政治、文學書籍，卻同時又出版了許許多多色情漫畫、淫穢書刊。這些都並行不悖，各不牽涉。」

「那他們成功最根本的原因，究竟是甚麼呢？」

「原因當然很多，但你是從事教育的，一定會同意最重要的是教育。事實上也是這樣：『明治維新』重要的宣言之一，就是：『廣求知識於世界』；他們不是說說好聽，卻也切實的去實行，而且上下一體，奉行不懈。明治初年，福澤諭吉所著《西洋事情》一書，在當時日本人口三千五百萬中，曾銷售達七十萬册，即其一例。在正規學校教育方面，一九〇七年即開始實施六年義務教育，三年之後，入學率即已達百分之九十八。還有最重要的一點，日本因爲一向不堅持『本位文化』，對於新的東西完全虛心接受，所以他們不會有傳統與現代嚴重對立、以至爭嚷不休的情況。即至現在，他們的家庭仍舊十分着重教育；勤奮、節儉、整潔、有禮貌、守法紀、愛讀書；團隊精神、國家思想、憂患意識……由於家庭、學校雙軌並行，這些基本美德與觀念就此養成，而政府和社會大概也還『醬』得不深，乃能發揚光大，造成一個現代的國家。」

「可是我們知道，他們的報紙言論以及議會問政，常顯得十分分岐、偏激，這對國家安全、政府施政，總是不好的吧？」

「一個多元的現代的社會，人民的利益本來是不一致的，所以難免有多角度的不同爭執，最後的決定，有賴於協調與折衷。最重要的是誠實、公正、不蒙蔽、說話算數！這就是他們議會呈現的眞實。至於新聞上的分岐，聯合報資深的駐日記者司馬桑敦先生在《扶桑漫步》這本書上曾說：它使那些『獨斷』、『偏見』無從掩飾和逃避，新聞自由把好的壞的一齊指出來了，無論誰想用毯子蒙上變戲法，都是不可能的。現在我們可以想像，如果人民够水準，能明辨是非，他就不會被牽着鼻子走了」。

「那麽，日本的將來會怎樣呢？它不會再來侵略我們吧？」

「應該是不會的，因爲現在這個核子僵持的局面，對他們做生意最有利。不過，如果美國和俄國交叉相加的壓力再大的話，他們的整軍將是十分迅速而可怕的；但想再如法泡製我們的中國，可不那麽容易了。可是强鄰在側，我們一定要保持我們的安定、强大、政治民主、新聞自由，發展科技、文化與經濟，提高人民生活、理念與道德的水準，是防制任何覬覦的方法。」

「你對於日本的色情有甚麽看法？」曹老師居然問到這個上面來了。

「日本人本來就好色成風、殘忍成性，譬如現在色情書刊中的照片，連十幾歲小女孩的身體，女學生大便小便的鏡頭，都弄上去了，而內容都强調變態，如麻繩捆綁、灌水、鞭打等等，實在下流至極；但想想我們自己，如旅館午夜的『第四臺』，大街上『馬殺鷄』的公開拉客，也實在令人臉紅，但願這些不致『動搖國本』才好。」

「你曾說過天王寺公園內的那些流浪漢，你認爲日本政府是不是該負責？」

「政府絕對應該負責。以日本現在的『富甲天下』，每人九千美元的國民所得，這是十分不人道的事；日本政府可以爲盲人舖專用道，是絕對可以也應該辦好這些事的！」

這是一些粗率的結論，講得興起，也就得意忘形了，好在曹老師不是外人，如果她讀到這些「紀錄」，一定會給我許多指正。

步出機場大門之後，很方便的上了「中興號」公車，車子馬上就向臺北駛去。人靠在舒服的座椅上，放眼四望，卻盡是灰撲撲的髒亂不堪的房子，密密的鐵窗，東倒西歪的小攤棚，各種各色的違章建築，滿街橫溢的垃圾、臭水……連青山白雲這一片好山水也連帶無光無色了。我仰後一靠，不覺喃喃的說：

「臺灣，臺灣！我們應該怎麼辦啊！」（全文完）

附輯一

循槍溪上行的登山者

秋天的槍岳

名山攀登

㈠

和臺灣一樣，日本也是一個多山的海島，三十七萬八千平方公里的土地上，山地佔百分之七十六，超過二十八萬三千多平方公里。南北細長和東西橫陳的弧狀列島，由北緯三十度至四十六度，地形非常複雜，氣候也由寒帶直逼亞熱帶，地理上更居於環太平洋的造山帶、地震帶和火山帶。

這樣的一塊土地上，住有一億一千七百多萬人，人口的密度、工業的水準、風光的優美，均幾爲世界之冠。

富士山海拔三七七六公尺，是日本的第一高山，也是日本國家的象徵，美的象徵。它那積雪晶瑩、完整的圓錐形山勢，在任何角落遠遠看來，都是精美絕倫；但當你開始來了解它、爬它時，情況就完全不一樣了，它是一座多重爆發的火山，也是一座十分年輕而又粗糙醜陋的火山。

富士山位於日本的山梨縣與靜岡縣之間，是北起新瀉妙高山，南至伊豆半島、硫磺島一連串火山帶的最高峯，與我們的七星、大屯火山相同，原來也是海底的沉積層，後來逐漸隆起，經過多次的火山活動——最後一次是在七千年以前，由火口噴出的玄武岩質的熔流，重重堆積覆蓋，積小御岳火山，古富士山成爲現在的富士山，而一七〇七年（清康熙四十六年）還大噴過一次。這座獨立的大火山，遠看實在是十分雄俊優美，但實際上除了頂上一個破裂的大火山口以外，北腹及西腹尙有兩條大裂溝——吉田崩溝與大澤崩溝。尤以西腹的大澤崩溝，由山頂一直裂到七百公尺上下，寬達五百公尺，深逾一百五十公尺，而且繼續崩坍不止；眞的就像一座半圓形的布丁似的，說不定甚麼時候就是嘩喇一聲的全部「分崩離析」——這看似言過其實，其實如果能把時光與影象加以濃縮的話，景況也確實如此；多少萬年後的富士山，終是難免一刼（造山的「輪廻」）。

日本中部的山地，地勢高聳，稱爲日本屋脊；飛驒、木曾、赤石三大山脈，跨越長野、岐阜、富山三縣，爲日本最雄大的褶曲山地。在地質上飛驒片麻岩爲日本最古老地層，神岡礦山附近，宇奈月溫泉一帶多花崗岩、閃綠岩、石英斑岩、砂岩、泥岩、石灰岩；在後述的沉積岩中，更富於古生代地層的各種化石。

這三條山脈，現在都分別稱爲北阿爾卑斯、中央阿爾卑斯與南阿爾卑斯，其中又以北阿爾卑斯最爲著名；北阿又以槍、穗爲主脊。

槍岳海拔三一七九公尺，石塊纍纍的玢岩尖塔（沿槍澤溪谷上行，則多花崗岩、集塊岩），比我們的中央尖尤爲尖峭險銳，不但是「北阿」的表徵，更是日本山岳的代表。而槍澤溪谷，更富於冰河地形，深谷中萬年積雪形成的雪溪，明顯的幾段堆石堤，青翠的高到兩千八百公尺的高山花卉、灌木，和南岸著名的天狗原「冰河公園」，以及涸澤上源谷形狀完整的大冰斗……翠坡、雪谷、蒼岩、雄峯，使槍岳幾乎成爲所有登山人夢寐的聖境。

與我們的雪山山脈聖稜線一段相同，「北阿」亦大略作「Y」形分佈，槍岳的位置正如品田。以槍岳爲中心，西北走爲西鎌尾根，經二七五五公尺的樅澤岩，二八六〇公尺的雙六岳，二八四四的俣蓮華岳（除富士山以外，日本就連三千一兩百公尺的山也不多，所以這些兩千五六百公尺的山也算高山了），又分成西北兩稜：西以二八四〇公尺的黑部五郎岳，北以二九七八公尺的黑岳（水晶岳）、二九二四公尺的野口五郎岳爲主，東北走爲喜作新道，經二七六九公尺的赤岩岳、二九二二公尺的大天井岳；又分爲南北兩稜：南以二八五七公尺的常念岳、北以二七六三公尺的燕岳爲主。由槍岳向南，是另一系煌煌巨峯——穗高連峯，由三〇三三公尺的南岳、三一〇六公尺的北穗高岳、三一〇三公尺的涸澤岳，以至最高的三一九〇公尺的奧穗高岳，再延爲二九〇九公尺的西穗高岳。另東南分出一急峻巨稜，最高峯爲三〇九〇公尺的前穗前岳，由此以出上高地。

由槍岳連走穗高連峯，我們稱之爲「槍穗縱走」；這是日本登山的「第一線」，更是我們愛好風景、習於健行、遠程赴日登山的「第一線」。就是在日本也有一個傳聞，聽說他們並不流行「百岳」之類的活動，却認爲「槍穗獨走」，是一樁最大的考驗。其實，以日本——尤以我們接觸所及的完全而詳確的圖說資料，明顯的路徑和密接而設備完善的山莊，「槍穗獨走」，以至其他類似的活動，並不算十分困難；當然，天氣是成功與失敗的一個絕大因素。

日本並無「山地管制」制度，但因積雪和天氣的因素，七、八兩月是登山的旺季；一般說來，七月上中旬還是梅雨季節，最好應是八月中旬上下，這時，天氣較穩定，山莊也較空閒。颱風和雷雨，却是無法預測的因素，尤以雷，最難預防，登山時必須特別注意。

㈡

遠看、由照片上看，富士山總是最美的；秋水明澈，紅楓似火，掩映中冰雪晶瑩的富士山，眞是美得叫人心痛，令人生妒，可是，當我們一上到五合目，就幾乎嚇呆了。

「這就是富士山呀！」

上富士山，由東京來有兩條大路：一是走中央高速公路，至大月轉富士吉田，接富士登山路至五合目；另一路是走各種高速公路轉御殿場，接富士山登山路至新五合目。這兩個「五合目」一北一東位置雖有不同，但高度却差不多，都是兩千三、四百公尺，就是說距山頂的富士最高峯——劍峯，還有一千四、五百公尺。

另外沿山腰的樹木界限，在兩千三百到兩千九百公尺的高度，還有一條繞山的步道，叫做

「中道」；由富士宮口新五合目、寶永山火山口、御殿場口新七合目、須走口本六合目、吉田口六合目、河口湖五合目、御庭以至佛石流，可完整的繞山一週。

看了這些「合目」、道、路的，眞會把人搞得昏頭轉向，實際也眞是如此，上上下下的道路，可說密如蛛網，但手持一張原版的「富士登山道詳細圖」，却可以「一目了然」。

我們包了一部中型遊覽車上來，全員二十五人，合登山的、健行的、觀光的男男女女於一爐（這種成份，大大影響了在惡劣天氣下的登山活動；有眷隨行的更是分身乏術，毫無鬥志——這種毛病越到後來越明顯）加上特別來幫忙我們的兩位日本資深嚮導藤井茂夫與齊藤貢先生，眞是浩浩蕩蕩，可是一走上山坡，就陣脚不穩了。

我們早上八點多鐘，由東京出發，坐專車走「中央自動車道」轉富士吉田。這一條路眞可說是恬靜幽美，風光明媚，足可比美我們的陽明山公路，但樹更高，路更整潔，房屋更精巧鮮艷；兩旁更有許多名勝風景區，如樹海、高原、牧場、民宿、冰穴、樹穴、奇石舘等等，可惜我們都祇有匆匆一瞥，還是滿腦子的翠綠旖旎時，就一頭撞上了富士山的火山堆。

沒有青翠的樹、蒼綠的岩石、潺潺的溪水、曲徑通幽的道路，甚至連富士山最讓人常見的雪、晶瑩亮麗的冰雪也沒有了，滿山就是煤渣堆，粗大如拳、細礫如砂，紅的、黑的、褐色的、混合的，儘是火山岩漿的流礫，眞的就是完完全全的煤渣堆。成林的樹木當然沒有了，就連費勁種植的小松杉，也稀稀疏疏，加上種類不多的幾種花草，也仍是癩痢頭似的，充不了一個局面。

在停車場把行李分了，一大部份由中卡車送去大阪，每一個人就祇有揹了個小背包，兩點鐘就硬着頭皮上路了。

一離開又堅固、又整潔、又溫暖，又有吃的、喝的、玩的、看的五合目山莊，走上石渣疏鬆的山坡，就被淒風苦雨和大霧掩沒了，我們原來那種披風式的雨衣完全沒有用（後來在槍岳、上高地一帶看了許多本地的登山客，他們原來都是使用雨衣雨褲兩件式的雨衣的），風由下面逆吹上來，斗蓬都翻轉成了船帆，用繩子綁了又綁，下面再套上雨褲，才勉强可以遮掩一陣。

黑霧迷濛，能見度祇有幾公尺；沒有多久，人已走得零零落落，散散的正像些風吹的稻草人而已。

在大傾斜的砂礫坡上，無樹木、無崖壁，風也一無遮攔，越吹越急，越吹越大；脚步又不穩，砂礫又鬆，走一步又退半步，好在雨還不算太大，揹負又不重，慢慢的步行的速度也快了。最苦的是等人。我們原已「約法三章」，這次是在日本人的嚮導之下，我們絕不超前，可惜，後面的人却越來越落後了，所以走個二十分鐘，就要等個五分、十分鐘。一等下來，人衝着大風，一無依靠，就是蹲在地上，手指還是凍得又痛又發麻。

看似一無高低的傾斜坡，仍是有一處處的風口——或是迎風面，在這裏砂礫已被刮光，剩下下面突起的堅硬的火山岩，在雨中滑溜如冰，人在上面根本站不穩，祇有側着身子頂住風，俟稍一停頓即搶行幾步，風又像牆板推來，人就又滑滑跌跌了。

如此經過六合目、本六合、七合目、本七合……由二千三百公尺已至三千一百公尺了（那時是在風中、霧中緊跟着日本人走得灰灰木木的，現在看圖，原來我們是由五合目、小御岳斜斜插上須走口，竟繞過了半片富士山）。

本七合是一排橫起的木屋，木板地坪上舖着草席，乾淨的棉被，閃着紅光的火爐，加上管理人員捧上來的熱騰騰的茶，和幾樣糖果（竟有一些小魚干），眞的是溫飽誘人，大家幾乎已鬥志全消了，但我們還是等着，等後面來，等領隊再作決定。

由四點半等到五點，原計畫是走到八合目的，看來是無望了，最後還是決定留下來；明晨三點起身，三點半出發，照原計畫到山頂「看日出」。

在這裏，我們必須看看人家的管理精神和管理方法：

這個山莊一字橫排，玄關進門是一間大起居室，也是大臥室，接着並列的是餐室和廚房，再就是雙層舖的臥室，全部約可容納一百五十人。管理員一人，强壯而十分有「權威」，助手男女約三四人，都是四十以上的中年人。他們一接受我們留下食宿時，全體卽刻穿上藍色印花的工作外衣，生上五個汽化爐，送上茶水，同時準備晚飯（後來又來一批中學生，祇住不吃）。

管理員立卽「指定」我們：雨衣一律掛在玄關的牆壁上，濕背包拿到寢室前面一間過道內，同時拿了許多塑膠袋給我們，登山鞋一律裝在塑膠袋內和背包放在一起，也告訴我們廁所在那裏；牆上更有標語，說明垃圾必須各自帶下山。

敬業、認眞、週到、乾淨……尤其是乾淨這一點，眞讓我們吃驚：不但棉被乾淨，花色鮮艷，白的雪白；廁所乾淨，有衞生紙、洗手水；更難得的是，我們由五合目走到七合目，在這樣一條大衆化，動輒上千人的登山路上，竟沒有一點紙屑、一個拋棄的塑膠袋，最多祇有幾個香菸頭、鐵罐蓋；後來走上高地、登槍岳，以及十來天由東京、大阪、名古屋到廣島、熊本，由上下兩三層繁華的地下鐵、地下街，到窮鄉僻壤、大街小巷，都可說是「纖塵不染」，最少沒有隨地是垃圾堆，這眞是令人十分吃驚，驚得無話可說。

吃得簡單（日本的定食和便當，尤其住過的幾個山莊內的，實在簡單得可怕，不過這裏吃的却是咖里飯）、睡得好，但一夜仍是風風雨雨，看日出顯然無望，第二天一直延到六點多才出發。

「人口」簡單了一些，雨小了一些，但在三千公尺以上，風更大，霧更洶湧，人走得更不穩；跌跌碰碰，停停等等，但我們仍奮力向上走，繼續不停的向上走。

我們幾個長腿快脚的緊追着日本人走，但走走還是得停停，經過八合目，再上，終於走進了富士山的大門——木樑高架的「大鳥居」，現在已逾三千四百公尺了。

這時的狂風已可「吹人欲倒」，爲了等人，還是停了下來。我們找了一塊桌面大的岩石，幾個人就匍伏在岩石旁邊，等着、等着，手脚已由痲木而冷得沒有知覺了。

後隊的人三三兩兩的來了，狂風大霧中顛顛倒倒，氣色黯淡，一停下來，正如一窩「落湯鷄」。

領隊和大家商量，說是退到八合目再看看，只有我和小蘇小聲嘀咕着：「是否可以先走到九合目呢？」但一看到後面幾個扭着腿的人被扶架上來，也就不再說甚麼了，一轉身，一個蹌跟就被風吹翻在地上滾了兩三轉。

罷了，罷了，「兵敗如山倒」，八合目的門戶緊閉，一退就退到底了，由七合、六合而五合。

人算不如天算，想不到半山風雲很輕易的就把我們一輩「百岳名將」放倒了；當車返河口湖，遠看富士山頂一小團灰黑的雲，我們實在有些不服氣。

檢討起來：一是沒有預備時間，連在山上等半天都不行；二是人員成分不齊，觀光客與登山人究竟是不容易揉合在一起的。

「我們是否已盡了力呢？」

「百分之九十。」

「祇差一成而已！」

(三)

乘鞍岳海拔三〇二六公尺，是北阿爾卑斯西穗高以南、燒岳之後一脈相連的最後一座三千公尺級的大山，東坡平緩下傾，下延五公里，到一千五百公尺的高度，即被前川與梓川的支流相切，形成一片略如三角洲似的大平原，是爲乘鞍高原。這裏到處都是溫泉，樹林內更多樺樹，多天又是滑雪勝地，下游更有奈川渡、水殿、稻核三個大水壩，峽谷幽深，湖水澄碧，松林、清溪、白樺、紅葉，使這裏自然形成了一處「國民休暇」中心。

富士山下來，我們仍坐專車出河口湖，走中央高速公路，經諏訪、松本，到了這裏；要在這裏休息「整補」一天，留下「輜重眷口」，準備「精兵」去走槍穗連峯。

這裏交通十分方便，大型定期客車，可以由新島島直上乘鞍前鞍，本想一探乘鞍岳，但一來不便個人行動，二來又是陰雨連天（巴士可上至兩千八百公尺的惠比壽岳東坡上的乘鞍山莊，由此登乘鞍岳三〇二六公尺的最高峯——劍峯，來回大概只要四五個小時，機會一去永不回，實在可惜），也就罷了。

未明卽起，仍是一片愁雲慘淡，半點多鐘，北角上天空略現開朗，專車和特別來幫忙的日本資深嚮導諏訪靖二、宗實二郎、下山隆己三位已到，也就不再猶疑了，立卽登車出發。

車下行至梓川後，過前川渡，改向北行。這一路都是溯梓川而上；兩岸峽谷，一溪激流，樹翠山青，略如我們的谷關一線，但水土保持極佳，除了燒岳一汪的火山岩流以外，沿路幾無一處坍方。

上高地是我十年以前就已熟悉的地方，浩盪清澈的梓川，青鬱險峻的穗高連稜，「五千尺」旅館，寬大的河童橋，加上成羣成隊鮮明豪邁的登山客，實在是一幅生動而秀美的大油畫，今天，我居然能揹着背包走入這幅畫中，實在又親切、又新奇。

與我們在臺灣多少次的高山活動來比，這次我們實在揹負很輕，不帶帳蓬、睡袋，甚至糧食、飲水都揹得不多，但以「槍穗」的赫赫威名，陡急的雪溪，犬牙交錯、赤裸凶險的大峭壁；憑照片、憑地圖作業，我們都不敢掉以輕心。

照地圖上的直線距離來看，由上高地到槍岳山莊，路長已逾十五公里；以高度差計算，上高地海拔約一千五百公尺，槍岳高達三千一百八十公尺，爬高亦在一千六百公尺以上。更主要的是異國山川，在心理上總有些不一樣，尤其是走在日本人的前後，總不希望有甚麼閃失。

七點三十五分，離開河童橋，進入「林蔭大道」。

我說這是「林蔭大道」，也可以叫做「沿河大道」。實際上這是沿梓川東岸的一條平緩的河灘地，東邊是由常念岳、蝶岳、大瀧山經德本峠到霞澤岳的主稜，樹木蒼翠，一片幽深。隔河的對岸就是穗高連峯，絕壁矗天，崢嶸險峻，蒼崖與雪谷交相輝映，份外雄勁壯美。密林中多鐵杉、雲杉、赤松、唐松，更夾有許多高大的白樺——雪白斑爛的樹幹在重重綠蔭中，特別明麗醒目。路相當寬坦平整，也有少數的公私的小車在走，但據說絕對禁行遊覽車或大卡車，連機車也少有，所以十分寧靜，祇見成羣的或三三兩兩的登山人揹着特大的背包，在默默的走着。他們的服裝和我們有相當大的差別：大多數是長襪和半截的毛料褲，配方格上衣，揹直式的大背包，顏色以紅、藍為主，不似我們多用黃色服裝、牛仔褲和鋁架背包，所以看起來色彩更刺激，如果說是「過江之鯽」的話，這些魚也以鮮紅和靛青色的佔多數。

漸漸的，路上滿是花崗岩的黑白砂礫，左邊又多槁槁的白木；八點十五分過明神館以後，又漸入沼澤濕林地帶。

德澤園是他們的國營露營地，廣大的青草坪上，除了固定的營業三角帳以外，更有許多各式各樣，紅紅綠綠活動的帳蓬，營地充滿了一片青年人的歡欣，重裝的也大部份在此留下來了。老樹濃綠之中，更有一連設備完善、形式精巧的山莊，管理與住宿均十分方便。

九點十分離開德澤園以後，沿路景物又略有變化，右邊的山坡有我們最熟悉的板岩露頭，林中也有不少的紅檜。由沿路所見，這裏的植物羣落，與我們有相當大的不同：他們的針葉植物，如松、杉、檜之類，分佈的高度，因緯度偏北，略較我們低五百到一千公尺，而高山上却少有我們最常見的箭竹和匐伏的香青（是高度不够？是根本無此種植物生長？），但屬於闊葉樹的櫻，却長到兩千八百公尺上下，這一片灌木羣與許多的高山花卉，常依季節形成一片翠綠、一片花畑，或是一片如火的楓紅，再綴以青蒼的巨岩，晶瑩的白雪，所以特別多采多姿、雄勁壯麗。至於一般的觀光地區，寺廟庭園，又多松楓；尤以一種葉片極爲精巧細小的楓，我們臺灣還未見過，所以，秋天是日本最好的觀光季節。還有一種楓，葉片根本就是紅色的，雖無秋意，却有秋色，但祇是還不普遍。

橫尾山莊正位於十字路口，是這一帶登山的一個重要基地。東走是蝶岳、常念，西去是涸澤、奧穗，向前是槍岳的登山要道。山莊是二樓木造，可容三百多人，設備不錯，供一宿二餐是日幣四千八百圓（合臺幣八百元）。這裏也是最後的公營露營地，石礫坎坷的河岸上下，到處都是帳蓬，都是人。我們在這裏休息到十點四十五分。

過橫尾以後，路漸崎仄，路傍崖依溪，多棧道，流水甚急；再後並進入沼澤地帶（這一帶叫做「槍見河原」，天氣好的時候，可以「初見」槍岳），再走花崗岩礫小徑，十一點半過一之俣溪，抵一之俣小屋。

這裏海拔是一千七百公尺，整整走了三個小時（與行程標準完全相符），路程約十公里，高度却祇升高了兩百公尺不到。過此以後，路轉向西北，過二之俣溪後，就一直進入槍澤溪谷，坡度就越來越大了。

休息到十二點五分，天已轉好，太陽初現，看杉林鬱鬱，山嶺青青，清新滿眼，心胸中充滿了活力。

路仍沿溪右行。流水極爲清澈，滿溪都是白色的花崗岩和石礫。水流沖激處，形成巨大的淺藍色漩渦，泡沫翻飛如雪，聲轟轟然山鳴谷應。而兩岸又是連綿不斷高聳的青蒼崖壁和陡坡，人如行巷中，激盪中更多新奇。

漸向上走，溪谷亦漸漸開闊，花崗岩已漸變爲雜質岩，多綠色片岩、結晶片岩、角礫岩、集塊岩。

十二點三十五分抵槍澤小屋。

十三點抵槍岳石屋營地。

路一直靠溪右向上蜿蜒，右上是二六七〇公尺的赤澤山，左岸高處是穗高中岳的東南支稜，稜頂是著名的冰河公園。人行谷底，祇見青山重疊，尤以正前面赤岩岳與槍岳相接的險稜，岩刃矗天，峯尖如筍，十分雄偉森嚴。

轉過山角，已陡見冰雪一片，白茫茫的直與冰斗相接，再連至上面高處的蒼崖深谷，一壁壁的綠與一片片的白，斑斕相間，形成一片奇景。

雪舖滿溪谷，萬年不溶，形成冰河，形成雪溪，使青峯重重、赤岩稜稜的高山，更形壯麗雄渾，但冰雪期過長，也限制了一般的登山活動，好在此時雪已稍溶，登山鞋踏下去，剛好不陷不滑，行走也無困難。

踏雪上行，心裏充滿了新鮮……走在後面的人忽然大喊「危險—危險！」嘩哩一聲，半條腿已陷下去了……原來冰雪底下已半溶，已溶成一片流水潺潺了。

這一大片雪溪，最厚處可能有三、四公尺，表面有裂隙，底部已大部份溶解一空（現在是七月底），走時還眞該小心。

雪溪已盡，海拔已達二千九百公尺，這上面就是最難的一段，就如我們排雲山莊到玉山的大碎石坡一樣，完全是纍纍的岩石，路也是成之字形盤盤向上，形勢相當驚人，但對我們來說，這種場面已見得多了，背包又不重，所以走得還是從容得很，祇是天氣又變壞了，細雨迷濛，十分惱人。

十七點三十五分，踏着石階，翻過嶺頂，終於抵達槍岳山莊，這一段費時四十分，由河童橋算起，走走看看，整個費時十個小時，實在相當輕鬆。一路上爲了保持「紀律」，我們一直走在日本嚮導後面，快脚長腿的一直蹩得發慌，但看日本隊都是成縱列的齊步向前，遠看就像多脚的蜈蚣似的，有團體無個人，讚嘆之餘，更覺十分可怕。

天氣一直不好，雨雖不大，但風大霧大，在富士山我們撤了下來，想不到在這裏又對上了。

槍岳只剩下最高的一段塔尖了，大概祇一百七十公尺上下，山莊就在塔脚下，天氣好時大概半點鐘就够了，但現在霧內、風內、雨內，連它的影子都沒有一個，現在就只有先安頓了下來。

山莊是一座木造的大樓，有上下三層，面積很大，平時可供六七百人食宿，擁擠時可容上千人。地下是大餐廳、廚房和洗手間，中層是門廳、販賣室、起居室、圖書室和雙層榻榻米的許多間臥室，上層（半樓）也是臥室和一間乾燥室。自行發電，設有電視、電話及雷電警報器，販賣部有穿的、掛的、看的（精美的山岳明信片）各種各色的紀念品，乾燥室有熱風（好像是柴油或汽油發電機的散熱器直接裝入室內使用的，眞是一個「廢物利用」的好方法）設備，圖書室除了些登山圖書雜誌外，還設有好多本記事簿，供登山客自由「發揮」，更好還有一個汽化爐，把室內熱得暖烘烘的。餐廳一次可容兩百人進餐，四、五個圍着布裙的年輕人忙得很有秩序，都是憑票入座，一人一份。這種定食都很簡單，晚飯大餐有一片炸肉一條小魚，早餐是一個生鷄蛋，其餘是兩三撮醃菜、一片海苔、半碗味噌湯而已——後來我們發現：海苔是他們的「國菜」，味噌湯是他們的「國湯」，走遍全國吃「定食」，都少不了這兩樣。

安頓下來之後，第一個忙的是老何，先是去洗澡，可惜照規定一罐水要一百圓，就祇是乾抹了一遍；接着是發現了乾燥室，要把大家的濕衣服濕皮鞋拿了去烤；接着又吆喝大家到餐廳去看了一場登槍岳的電影。

一宿無話，但第二天就難過了，一夜風雨不停，穗高縱走顯然是泡湯了，留與不留又發了爭論：

「天氣顯然好不了，不如下去。」老陳的意思。

「已經等到現在了，下去也到不了上高地。」

「到橫尾也是好的……」小李說。

「有甚麼好嘛；我們本來是明天才要下山的，等在這裏還有機會。」

我說過：如果連槍岳都上不了，我會大哭一場，這時眞的有些急了，幸虧領隊林先生說：

「末咯！末咯……」

後來，我想：以中華山協美鹿隊的招牌來「訪日登山」，富士是半壁江山，穗高又放棄，如果現在連這個最主要的目標也拿不回去，眞的是「無顏見江東父老」了，所以林先生一定堅持。

再次安頓下來，漫漫長晝，大家就去各搞各的：有的去睡覺，有的去採購，我正好得其所哉，就埋首在圖書室內專心寫我的山中事、心中情。

午餐以後，天氣漸漸好轉；午睡起來，風雨已停，陽光隱現，大家猛的由床上跳起來，立卽着裝出發，興奮得很。

如果你上過玉山東峯，爬過小覇尖，這一百七十公尺的岩石陡坡，實在不難。黑褐夾紅礫塊的岩石，崩裂成許多石隙和石塊，幾段稍高的石壁，設有兩段鐵梯，釘有鐵栓，所以爬起來，並無危險，祇是風還大、霧還大，呼嘯着、捲擁着，增加了緊張的局面。

費時半小時，終於登頂槍岳最高峯。

三、四點鐘以後，霧氣稍稀，偶然一陣開朗，這鐵岩上的巨峯，卽豁然呈現在眼前，千尺嶙峋，赫然天地之間，眞是氣象萬千，令人震懾，

一陣風來，大霧又掩盡山巔，但整個山谷又豁然開朗了；雪溪、冰谷、青蒼的山壁，朱紅的小屋，尤以正在成隊上行的紅衣登山人，構成一幅明艷而生動的畫面；加上對面嫵媚開闊的蝶岳、常念岳，重山峻嶺，蔚爲神境。

風急天寒，雲霧又開闔無常，有的人由門口跑進跑出，有的人擠在窗口，有的人凍得混身發抖，更有的人赤脚衝鋒提着相機搶鏡頭；一片喧叫，一片目瞪口呆，祇爲這一片閃現不定的好風景。

「照到了嗎？」

「照到了！」

其實更深刻的還有這片記憶——祇此一刻，我已心滿意足了。

後記

最後一天，仍是有風、有雨、有霧，連想走過穗高中岳到天狗原、冰河公園也祇有放棄了，下午四點就回到了上高地。

檢討起來，此行雖未完全達到目標，但也不算是失敗，更難得的是加深了對日本這些主要高山的認識，引起了第二次「訪日登山」的興趣。

一般說來，日本多山，但眞正超過三千公尺級的大山，以北阿爾卑斯與南阿爾卑斯爲主，尤以立、劍、槍、穗最爲輝煌壯麗。以進出交通之方便，登山路徑之明顯，圖籍資料之詳確，山莊小屋之密接，以我們在臺灣歷經「百岳」的經驗和體力，連獨走都不難，所以這次打開門戶之後，正可爲下次的「長征」作準備——願有心者「有志一仝」。

附輯二

刀下

咔！噠，咔！噠，咔咔咔，咔咔，轟！步槍和機槍的聲音，像炒蠶豆似的，響成一片，擲彈筒和手榴彈轟轟的爆炸聲，震得屋樑上的揚塵簌簌地落得滿地都是。李小平和他十歲的妹妹、四歲的弟弟一齊被媽媽摟緊在懷裏躲在房內牆角上，牙巴一直上下打顫，渾身發抖。窗外黑漆漆的，映着遠處橙紅色的火光，更像一面令人窒息的網，緊緊的套在人的頭上。接着不久，就聽到門外石板街道上有沉重的脚步聲，急促的跑過去；槍聲慢慢的響遠了。

「媽，是不是游擊隊？」

「不要說話；」小平的媽低啞的抖着說：「大概是。」

「現在槍聲怎麼又遠了？」

「大概是在東門外，打日本兵的司令部。」

自從日本兵來了以後，小平這一家就慘了——以前，在這個一千多戶人家的小鎮上，他們這一姓是最大的一族，他們的住宅，兩層五進，是最好的房子；父親在外面做過事，買了些田地，四十多歲就回到家鄉過着優遊的「紳糧」生活。由小平懂事時起，只記得爸爸經常穿着長衫皮袍，遇着過年過節再加上馬掛、禮帽。後來小平在箱底下找出了嵌在鑲金鏡框內父親的年輕時的照片，黑色的小禮服，手裏夾着洋裝書，白白的斯文的臉上，現出微微的笑意，確是一派瀟灑的樣子。每年秋收的時候，總有些穿着老棉襖的佃戶，到家裏來請父親去看租，不過多數時候都是由他媽五奶奶決定這些事情。遇到年成不好時，佃戶常送些紅薯、蕎麥之類的什糧來抵算租谷，這是小平最喜歡的東西，因爲紅薯做成了紅薯圓子，蕎麥做成蕎麥粑，都是最好吃的。這個小鎭在太平時候是非常繁榮富裕的，每逢雙日趕集，街頭巷尾鬧鬨鬨的擠成一片。青磚石塊的城牆外，靠西邊石坡下是一條通往漢水的河流，帆檣來往，也是小平游水打鼓泅的地方；東門外是一條通到漢口的公路，路邊是一些小小的山崗。太平的日子，倒也過得平淡自在。

抗戰開始未久，翅膀塗有紅膏藥的飛機也開始在這一帶丟炸彈，小平他們一家和千千萬萬的中國人民一樣，都成了難民，開始向山區逃難。父親加入了軍隊，靠着媽媽和他們縫在身上棉襖的袁大頭，支持了一年多的苦日子。接着又是饑荒，又是土匪（每逢遠處的狗叫成一條河時，媽媽就帶着他頂着棉被躲到牛棚或麥田裏去），沒有辦法，他們娘兒幾個，又一步一步的捱回了老家。在那洗刼一空、連堂屋的柱頭都被馬啃得像陀螺的空架下，用竹片草包隔成小間，才又暫時住了下來。

「……進軍喇叭……」

「你，爲什麼不唱？」早會以後，籐田的瘦臉上泛着青光，兩隻金魚眼睛瞪着小平問。

「我，我不會唱。」他想不到被看出來了。

「馬鹿！你的，大大的不好！」

這是第一次，沒有挨嘴巴，只被罰站兩小時，抄「皇軍進行曲」二十遍。

「狗入的，我總有一天要殺掉你們的！」他想。

小平第一次說這句話，是在兩年以前；那時，他是十二歲，讀的是私塾，那個小地方消息不靈通，只偶然在舊報紙上，他知道了「上海保衞戰」、「南京大屠殺」之類的新聞，更由經過這裏的演劇宣傳隊，了解了一些倭奴、漢奸之類的故事，他愛看小說，他最崇拜的就是岳飛、黃天霸，在樓上他爸爸的書櫃裏，他找到了一把皮套象牙柄三角形半尺長的小七首，在後院張媽家裏的磨刀石上他把它磨得雪亮，他說：「我總有一天要殺掉日本人的」。

日本兵的司令部是設在東門外的小山崗上，在城門口住有他們的哨兵。黃粗呢制服、綁腿、皮鞋，尖頂軍帽，後沿上拖着幾塊布片，走起路來，盤腿、八字脚，步槍刺刀寒光閃亮，加上布片飄盪，直像一隻隻張牙舞爪橫行的大螃蟹。當他們站在城門口時，橫眉豎眼，又似一尊尊猙獰的喪門神。每一個中國人經過時，必須把用粗線吊在衣襟上套着塑膠套的良民證恭恭敬敬的用手捧着，同時向他深深的鞠躬，看着他揚眉不睬時，就趕快過去；遇着他們看不順眼，或是鞠躬鞠得不好，就是一腿，再加上「馬鹿！亡國奴！」你只有再深深的鞠躬，連聲聲的「哈衣，哈衣！」才過得了關。

小平自被罰站後，他決定不再上學了；兩三天以後，他正要出城，想不到在哨所門口正碰上了戴着「宣撫班」袖套的籐田，他要轉身也來不及了。

「你，生徒？」他拿起了他的良民證，「啊，李小平。」他陰陰的說。

他把他帶進哨所，用一條帶子把他兩隻手反綁在床柱上；那個晚上，他像隻狗一樣，有的日本兵用香煙頭燻他的手臂，有的摸他的頭，捏他的臉，有的還塞幾塊餅乾到他嘴裏。小平心裏十分害怕，連喉頭都打結了，他不知道他們要把他怎樣；但他不哭也不叫。

第二天校長和籐田一起來了，他們把他帶回學校；離開哨所時，籐田對他說：

「皇軍，大大的好；你，謝謝。」

他們很久沒有聽到游擊隊的消息了；那天夜裏，想不到他們竟突然打進城來了，他是又怕又高興。照明彈閃耀在天空中，槍聲更激烈的響了一陣後就停了。到天快亮時，皮鞋的聲音，又嚓嚓的碰在石板上。

「小平，我們看殺人去。」就在游擊隊攻城的第三天，放學以後，他的堂哥小慶約他說。

「我怕媽罵我。」

「我們很快就回來，她又不知道。」

對於一個十四歲的男孩，看殺人是一種很刺激的事。還是七、八歲的時候，他們家住在縣城內，有一天聽說要殺人了，很快的像一陣風一樣，家家戶戶都把曬在門簷下的衣服收進去了，沒有好久，只聽街頭一陣吆喝，一隊黃制服掛着紅纓盒子砲，一隊草綠制服扛着長槍，中間兩個人夾着五花大綁的犯人，走向校場口；小平擠在人叢中，只看到兩條腿拖在地上，一點也沒有英雄氣概。後來聽說那是由城外抓回來的土匪。

出了南門，走過一條短街，一個水塘，沿河坎就是一些平平的墳堆，再過去就是一座荒凉的古廟，河坎斷崖下是嗚咽的流水。九月的天氣，蘆花翻白，野草泛黃，疏疏的日影，一片蕭瑟。那個人一身單薄的灰布短衫，沾有一塊塊的汚跡，滿頭短髮，一雙破膠鞋，手反捆在後面，夾在一隊日本兵當中，除了腿一拐一拐的外，似乎還很硬朗。到了墳場邊，日本兵把他掇弄的跪下來，一個站在最前面，另外五個一排站在稍後邊，他們都端着槍，槍上挿着刺刀，發出一道道的冷光；一個拿着白晃晃武士刀的似乎在指揮着。這時旁邊另外一個拿出手巾，上前去要捆上那個人的眼睛，他搖了搖頭，慢慢的抬起眼睛，閃着光芒的射線，注向站在遠處的一羣；忽然有一陣騷動，有人驚訝，也有人看向小平。小平也有些警覺，正在思索——那個人似乎很熟悉——那個人也似乎看到了小平，身子一挺，更急切的看向過來；陡地，一聲嘶叫：

「爸！」

最前面的日本兵已踏進一步，手中的槍一挺，已直挿入他的心膛，他悶哼一聲，頭軟了下來，後面的一排日本兵疾步向前，亂刀齊下，他整個的癱下來了。

小平的叫聲，驚動了許多人，幸虧小慶迅速的掩住他的口，把他整個的擁在懷裏。那個拿武士刀的日本人，似乎也略有所覺，但他們正忙着「拌豆腐」，也沒有來追究。旁邊看的人，這時已大都知道被殺的是什麼人了，他們忍着眼淚，推着小平，走開了墳場。日本兵已圍成一圈，用日本武士特用的「忍」勁切爛了小平的父親，再用土堆了起來。

小平的爸是鎮上唯一的留學生，他本不是學軍事的，但是日本人侵凌了他的國家，摧毀了他的田園，忍無可忍，他毅然的參加了游擊隊。

「兒，我要走了，現在要靠你了；如果眞的有什麼事，可以去找你的三伯爺。」

這令小平哭得很傷心；他想：「自己有爸爸，還要去靠人家。」

爸爸走後的第二天，天下着大雪，地上一片白茫茫，家裏沒有什麼東西吃，他拿起竹籃子說：

「媽，我到田裏去挖胡蘿蔔。」

他是家裏大兒子，他懂事很多；他想他應該來照顧這個家。他媽心疼的說：

「小平，我跟你一道去。」

他爸在游擊隊當參謀，近幾年來已活動到山區城廂附近；怕走漏了消息，一直沒有讓家裏知道。這一次的突擊是他計劃的，本不需要他來指揮的，或許是他地形熟，或許是想看看家，想不到在掩護撤退時被俘了。棍子、皮鞭、涼水、狼狗，三天三夜，他不講一個字；終於在他家鄉的土地上，他流盡了他一腔熱血。

人羣拖著沈重的脚步，慢慢的也散了：天將向晚；滿眼是衰草斜陽的慘淡景象。

滄海叢刊已刊行書目(八)

書名	作者	類別
文學欣賞的靈魂	劉述先	西洋文學
西洋兒童文學史	葉詠琍	西洋文學
現代藝術哲學	孫旗譯	藝術
音樂人生	黃友棣	音樂
音樂與我	趙琴	音樂
音樂伴我遊	趙琴	音樂
爐邊閒話	李抱忱	音樂
琴臺碎語	黃友棣	音樂
音樂隨筆	趙琴	音樂
樂林蓽露	黃友棣	音樂
樂谷鳴泉	黃友棣	音樂
樂韻飄香	黃友棣	音樂
樂圃長春	黃友棣	音樂
色彩基礎	何耀宗	美術
水彩技巧與創作	劉其偉	美術
繪畫隨筆	陳景容	美術
素描的技法	陳景容	美術
人體工學與安全	劉其偉	美術
立體造形基本設計	張長傑	美術
工藝材料	李鈞棫	美術
石膏工藝	李鈞棫	美術
裝飾工藝	張長傑	美術
都市計劃概論	王紀鯤	建築
建築設計方法	陳政雄	建築
建築基本畫	陳榮美 楊麗黛	建築
建築鋼屋架結構設計	王萬雄	建築
中國的建築藝術	張紹載	建築
室内環境設計	李琬琬	建築
現代工藝概論	張長傑	雕刻
藤竹工	張長傑	雕刻
戲劇藝術之發展及其原理	趙如琳譯	戲劇
戲劇編寫法	方寸	戲劇
時代的經驗	汪琪 彭家發	新聞
大衆傳播的挑戰	石永貴	新聞
書法與心理	高尚仁	心理

滄海叢刊已刊行書目(七)

書名	作者	類別
印度文學歷代名著選(上)(下)	糜文開編譯	文學
寒山子研究	陳慧劍	文學
魯迅這個人	劉心皇	文學
孟學的現代意義	王支洪	文學
比較詩學	葉維廉	比較文學
結構主義與中國文學	周英雄	比較文學
主題學研究論文集	陳鵬翔主編	比較文學
中國小說比較研究	侯健	比較文學
現象學與文學批評	鄭樹森編	比較文學
記號詩學	古添洪	比較文學
中美文學因緣	鄭樹森編	比較文學
文學因緣	鄭樹森	比較文學
比較文學理論與實踐	張漢良	比較文學
韓非子析論	謝雲飛	中國文學
陶淵明評論	李辰冬	中國文學
中國文學論叢	錢穆	中國文學
文學新論	李辰冬	中國文學
離騷九歌九章淺釋	繆天華	中國文學
苕華詞與人間詞話述評	王宗樂	中國文學
杜甫作品繫年	李辰冬	中國文學
元曲六大家	應裕康 王忠林	中國文學
詩經研讀指導	裴普賢	中國文學
迦陵談詩二集	葉嘉瑩	中國文學
莊子及其文學	黃錦鋐	中國文學
歐陽修詩本義研究	裴普賢	中國文學
清真詞研究	王支洪	中國文學
宋儒風範	董金裕	中國文學
紅樓夢的文學價值	羅盤	中國文學
四說論叢	羅盤	中國文學
中國文學鑑賞舉隅	黃慶萱 許家鸞	中國文學
牛李黨爭與唐代文學	傅錫壬	中國文學
增訂江皋集	吳俊升	中國文學
浮士德研究	李辰冬譯	西洋文學
蘇忍尼辛選集	劉安雲譯	西洋文學